智能城市治理

饶玉柱 著

電子工業出版社
Publishing House of Electronics Industry
北京 · BEIJING

内容简介

本书围绕“智能城市治理生态”的概念，对“城市生命体”“智能自治体”“治理范式”等重点组成部分进行条分缕析。全书共五章，第一章总结了城市化的进程、智能城市的发展现状；第二章介绍了“国家治理生态”“城市生命体”的理论和核心要素；第三章以精要的方式分析了“智能城市生命体”十大子系统的“点-网-流”、脆弱性、智能标准及智能化；第四章重点阐释了“智能城市治理生态”的运行基础、内在逻辑、外在形态、智能自治体及治理范式等核心内容；第五章针对人与城市的关系、生态平衡与治理进化这两个“智能城市治理生态”概念背后的隐含问题进行深入思考。

本书主要面向国家公务员、从事信息化城市治理的研究人员，以及社会治理相关领域的研究人员。

图书在版编目（CIP）数据

智能城市治理 / 饶玉柱著. —北京：电子工业出版社，2021.6
ISBN 978-7-121-41289-9

Ⅰ. ①智…　Ⅱ. ①饶…　Ⅲ. ①现代化城市－城市管理－研究　Ⅳ. ①C912.81

中国版本图书馆 CIP 数据核字（2021）第 105985 号

责任编辑：李　洁
印　　刷：北京天宇星印刷厂
装　　订：北京天宇星印刷厂
出版发行：电子工业出版社
　　　　　北京市海淀区万寿路 173 信箱　邮编：100036
开　　本：720×1 000　1/16　印张：13.25　字数：297 千字
版　　次：2021 年 6 月第 1 版
印　　次：2021 年 6 月第 1 次印刷
定　　价：78.00 元

凡所购买电子工业出版社图书有缺损问题，请向购买书店调换。若书店售缺，请与本社发行部联系，联系及邮购电话：（010）88254888，88258888。

质量投诉请发邮件至 zlts@phei.com.cn，盗版侵权举报请发邮件至 dbqq@phei.com.cn。

本书咨询联系方式：lijie@phei.com.cn。

自 序

Preface

党的十八届三中全会报告提出“推进国家治理体系和治理能力现代化”，这是党和国家在信息化时代出现众多机遇和挑战后提出的，作为全面深化改革的总目标，其重要性自不待言。

人类进入了21世纪的第21年，在新冠肺炎疫情肆虐下，全球的数字经济更加凸显其优越性。信息技术、人工智能的蓬勃发展，使得跨时间、跨空间、跨媒介的信息交互愈加便捷，人类自古以来借助各类物质、能量工具来完成信息交换的过程被大大缩短、精简、虚拟化了。

作为人类的主要聚集地——城市，在其使用和产出的技术产品、服务等更加智能化的同时，更引发和带动了治理的智能化发展。应时而生的“智能城市治理”不仅是一个复合的、具有多样内涵的名词，也是在如火如荼的智慧城市建设中不停迭代升级的人类思想活动的描绘，更是时代烙印的一种概括。

从数字地球的提出，到现在全球性的智慧城市建设风潮，人类通过“城市”

这个人造物来追求更加舒适便利的生活，并且在高效智能生产之路上不断迈进。城市，这个伴随人类定居生活模式开启之时就存在的事物，随着人类文明的变迁而变；它是一个国家和地区时代特征的集中代表；它是规划设计者的思想凝结、科学技术的汇集展现、城市中人类关系的外化凸显；它也是人类的工具、居所，是人类的伙伴；它更是一个生态，是人类与人类，人类与自然，自然与自然交汇的物质、能量和精神的要素整体，是这些要素产生、发展、消亡的过程整体。

很早就存在的“治理”概念在现代日益普及，是众多时代内涵赋予其上的结果，人类博弈平衡、科学技术组合、理工社科一统……正是其重要基础。可以说，“智能治理”与“智能城市”具有类似的基础，它们的含义在不断地发展过程也愈加接近，接近“智能城市治理”这个综合的概念。“智能城市治理”的概念，是科技攀升的凝结和集中展现，是城市发展的结果和存在方式，也是治理探索的重点和理论升华。可以说，“智能城市治理”是人类在城市规划建设、信息技术发展、社会体制机制三个主要方面的一体化发展的方向及结果。

“智能城市治理”肇始于“智慧城市”的建设，这个过程可以描述为：信息化基础设施在城市广为部署，通过多种传感器的大量数据开始富集，基于大数据的庞大算力和人工智能将城市治理行为逐渐智能化、标准化、体系化……而且这些过程还在不断迭代、循环升级，乃至形成生态。“智能城市治理生态”这个概念是《信息化国家治理》中提出的“国家治理生态”概念在城市层次上的复现，它是多个治理主体的博弈平衡，是从技术产品服务到平台系统再到多系统共生、跨界布局的生长分层，是治理手段、治理能力再到治理范式的综合集成……这些内容的阐释目前可以使用以下框架来梳理：“智能城市治理生态”是“赛博、物理、人类”三元空间（Cyber-Physics-Human ，CPH）融合的复杂巨系统，它是人类探究认知掌控科学技术、反思改进人类社会制度，最终实现人类社会、物理空间和赛博空间的统一化追求的体现。在这个长期的、不断迭代的过程中，它其实就是人类社会发展的亮点甚至是人类本身。

在“智能城市治理”领域，当前大量的书籍主要关注智能城市建设中的信息系统、智能技术和应用，或者是关注到了国家治理体系下的、以城市为单个整体（即使关注到行业划分，也只是以分立的思路来看待这些信息数据）的治理论述，这些论述大多数没有贯通“智能-城市-治理”，没有从一体化的角度阐释“智能”对“城市”和“治理”的外在加成及内化催动。因此，本书以城市生命体理论为基础，在“节点-网络-流”之上构建十大子系统的系统自治能力，形成“智能自治体”。

“智能自治体”这个概念或类似概念在当前各类城市治理理论中尚未得到重点关注，这应是由于人工智能技术尚未成熟及人类针对机器人尚未形成成熟应对机制（法律、文化等）而造成的，但其重要性显然可见：它是连接当前城市上层治理制度理念、操作行为、中下层各类信息技术产品服务乃至平台的关键。对上层，它实现了从制度理念到具体需求的分解承接，纾解了对技术和细节不能过多关注、力有不及的焦虑；对中下层，它满足了将各类治理目标转化为具体可操作的技术产品服务和平台的需求，消弭了难以精准匹配、有效服务的茫然感。

“智能自治体”的“自治能力”与现有城市治理各类举措背后体现的“治理能力”结合形成的“治理范式”是本书的重点探索成果。“治理范式”体现在两个层次的“能力”。一是城市生命体的自治能力，这种能力来自对信息技术、智能技术的充分运用和对数据资源的挖掘利用。城市生命体的感知能力、恢复能力、调度能力等自治能力能够促进城市各个子系统的结构优化和平衡、物质能量信息的整合及互联互通，继而促进了整个城市生命体的结构优化和平衡。二是以自治能力为基础，形成城市生命体的治理能力，它是为城市治理理念、机制、环境等要素的直接展现。智能系统的可感知、可判断、自学习和自升级等分级判断标准也正是“治理范式”的衡量标准。

笔者相信，“治理范式”是“智能城市治理”成熟后的标志，当前本书提出了四类（治理主体中心型、治理受众中心型、治理流程中心型和治理数据中心型）典型“治理范式”，但是还比较粗略。在将来，数十个或者更多的典型“治理范式”的总结明确将意味着“治理范式”框架的充实和可操作性得以形成。成熟的“治理范式”可以使政府公职人员等城市治理主体从冗繁细节中解放出来，将更多的才干和创造力用在“治理范式”创新上。

最后，本书对“智能城市治理”的核心问题——“人与城市的关系”进行了思考，结合当前人工智能对治理的挑战进行了剖析，展望了“智能城市治理生态”的发展趋势。

“智能城市治理”发展处于格局未定和面临重大突破的战略窗口期，为我国加速追赶和超越提供了宝贵的历史契机。一方面，目前全球信息技术、人工智能、量子科技等高新科技发展还处于加速创新突破和应用推广阶段，核心标准、技术、平台和产业竞争格局尚未成型，这为我国加速追赶和超越提供了宝贵的时间窗口；另一方面，“智能城市治理”为城市规划、技术发展和治理创新等带来了一体化融合后的新理念、新要素、新市场和新形态等要求，丰富充实我国的治理体系和治理能力现代化内涵，更有希望为推动构建多方共治的全球治理体系——人类命运共同体的形成添砖加瓦。

饶玉柱

2021 年 4 月 浙江嘉兴

目 录

Contents

1

第一章　智能城市的发展实践

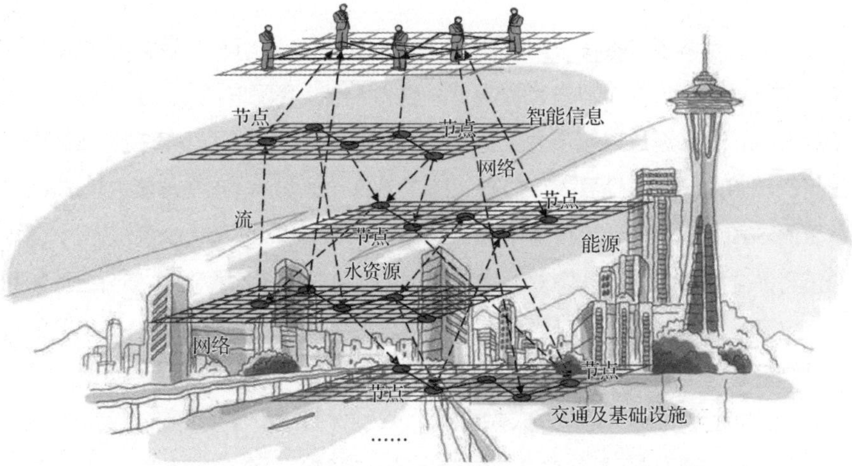

（一）城市发展和规划
（二）主要国家和地区的智能城市
（三）智能城市的技术
（四）智能治理现代化

（一）城市发展和规划

1. 城市化的进程

城市最早是政治统治、军事防御和商品交换的结果，是由社会剩余物资的交换和争夺的产物，也是社会分工和产业分工的产物。从名称溯源上来看，“城”是由军事防御产生的，“市”是由商品交换（市场）产生的。城市是人类文明的象征，其发展历程是连续变化的，是众多因素综合作用的结果。城市的发展阶段可分为农村社会城市、工业社会城市及后工业社会城市（如智能城市）等。

所谓城市化，是指人类生产和生活方式由乡村型向城市型转化的历史过程，表现为乡村人口向城市人口转化及城市不断发展和完善的过程。城市化是一个不断演进的过程，在不同的阶段显示出不同的特征。现代城市化发展的最基本动力是工业化。自工业革命以来，世界逐步开始了大规模从农村社会向城市社会的转变过程。

当前，世界城市化进程不断加快，未来人口及资源将加速向城市集中。2014 年，城市人口数量已占世界人口总数的 54%。我国常住人口城市化比例已接近 55%，也在迈进以城市为主体的经济社会发展新阶段。麦肯锡全球研究院的研究表明，目前占世界人口总数 22%的 600 个大城市 GDP 总值占全球 GDP 总量的 50%以上[1]。到 2025 年，占世界人口总数 25%的 600 个大城市的 GDP 总值将占全球 GDP 总量的 60%，对全球 GDP 增长贡献比将达到 65%；到 2030 年，城市人口将占世界人口的 60%，经济总量将占 70%，人口超过一千万的特大城市数量将达到 41 个；到 2050 年，世界城市人口数量将增加到 74 亿，将有 66%的人口生活在城市地区。未来 30 年，仅城市基础设施就将耗资 350 万亿美元，是当前全球 GDP 总量的 7 倍，令人瞠目。如今，全球每天有 18 万人口移居城市，可以说，21 世纪将会是一个“城市化世纪”。[2]

城市在世界经济、政治和社会生活中起到举足轻重的作用，城市与人民的生活密切相关，大中城市多是一个国家或区域的经济中心、文化中心、交通中

1 麦肯锡全球研究院，迎接中国十亿城市大军，2008 年 3 月。

2 联合国经济和社会事务部人口司，2018 年版世界城镇化展望，2018 年 5 月。

心等，尤其是大城市及大城市群，其发挥的作用是其他任何人类组织聚集体系都难以比拟的。随着经济社会的发展进步，城市化已成为现代化的必由之路，智能城市对人口、资金、产业、科技、信息等方面的汇聚作用将更加突出，日益成为全面发展的核心载体和重要动力。

“中国的城市化与美国的高科技发展将是影响21世纪人类社会发展进程的两件大事。”诺贝尔经济学奖得主斯蒂格利茨的这一判断广为传播，他敏锐地看到，拥有超过13亿人的中国正在上演人类历史上最波澜壮阔的城市化进程将给世界带来广泛而深刻的影响。值得注意的是，中国城市化是在汹涌澎湃的新科技革命浪潮背景下推进的，以大数据、物联网、云计算、人工智能为代表的新一代信息技术不仅改变了人们的生产和交往方式，而且正在从根本上变革城市的运行、管理、服务方式，使城市生活更加智能化，由此催生了现代“智能城市”，而这正是中国城市化进程中最激动人心的发展机遇。

2. 城市规划理论

现代城市规划是在解决工业城市所面临问题的基础上，综合了各类思想和实践后逐步形成的。在形成的过程中，一些思想体系和具体实践发挥了重要作用，并且直接规定了现代城市规划的基本内容。从总体上看，过去100多年的城市规划理论经历了“理想主义—功能主义—人本主义—多元化—可持续发展”的线索与规律。

1890—1915年

理想主义：城市建立在工程和美学的基础上，“田园城市（Garden City）理论、城市艺术设计、市政工程设计”等概念被提出，在城市规模、布局结构、人口密度、绿带等城市规划问题上提出一系列独创性的见解，其中“田园城市”理论联系城乡的关系，提出适应现代工业的城市规划问题，对人口密度、城市经济、城市绿化的重要性问题等都提出了见解，对城市规划学科的建立起到了重要作用，今天的城市规划界一般都把霍华德的“田园城市”理论（图1-1）的提出作为现代城市规划的开端，美国的底特律正是践行此理论的典型城市（图1-2）。

1916—1945年

功能主义：指导城市发展的城市规划理论走向理性，对城市社会空间规律的研究为城市规划理论开始提供理性的依据。

图 1-1 “田园城市”理论示意图

图片来源：互联网。

图 1-2 践行“田园城市”理论的典型城市：底特律市区俯视图

图片来源：互联网。

1946—1960 年

人本主义：二战后（第二次世界大战）重建成为这一时期的主流思想。战后的重建，以及在此时期的历史城市的社会与人、都市形象设计、规划的意识形态、综合规划及其批判受到高度重视。

理性主义：二战以后以刘易斯·凯博 1952 年出版的《城乡规划的原则与实践》为标志。该理论认为，规划方案是对城市现状问题的理性分析和推导的必然结果。尤其是城市规划中系统工程的导入和数理分析使得大量调查数据的处理成为可能，并在城市规划工作中运用了大量的数理模型，包括用纯粹数理公式表达的城市发展模型和城市规划控制模型。

1961—1980 年

多元化：这一时期规划理论走向多元化。涌现出一大批诸如"城市规划批判、公民参与、规划与人民、社会公正、文化遗产保护、环境意识、规划的标准理论、系统理论、数理分析、控制理论及理性主义"的新理念。

1981—1990 年

可持续发展：生态规划理论和可持续发展理论成为主导。20 世纪最后 10 年，全球化与信息化则成为主流思想。

进入 21 世纪后，城镇化与智能城市理论，包括 2016 年兴起的人工智能城市理论成为当下的主要思想。

3．城市化带来的挑战

随着城市人口的膨胀，1000 万人口以上的大城市数量将会持续增长，从 2014 年的 28 个预计增长到 2030 年的 41 个（图 1-3）。大规模移民到城市将使城市的交通系统、食物与水的供应、电力与能源基础设施、卫生设施与公共安全面临巨大的压力。

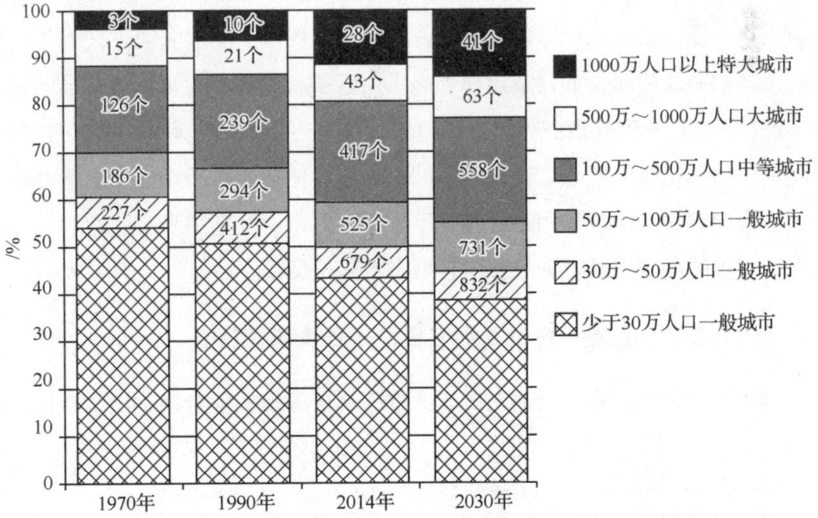

图 1-3　1970 年、1990 年、2014 年、2030 年全球不同人口规模城市数量

当前，城市面临的发展挑战如下：

1）人口密度更大，流通性更强，对外界依赖度更高

未来，人口向城市特别是大城市集中的趋势越来越明显。联合国人口与发展委员会预测，未来 15 年全球新增的 11 亿人口大多集中在城市，城市人口占比预计将增加 15%。全球每天估计有 18 万人往城市迁移，到 2030 年，人口总数 100 万、500 万以上、1000 万以上的城市数量预计将分别增加 34%、47%、46%。

城市要正常运转，必须保持高度的流通性。

一是能源的高度流通性。以北京为例，首都功能核心区人口密度已达到 23953 人/平方千米，2014 年电能消耗达 937 亿千瓦时；汽柴油消耗每天 2 万吨，一年的消耗量可填满四个半昆明湖；冬季供暖每天用煤最高达 10 万吨，用火车装运长度超过 24 千米。但北京本地几乎不生产能源，对外依存度极高，100%的原油和天然气、98%的煤炭、70%的电力都需外输。[1]

二是生活必需品的高度流通性。北京 2100 万人口每天需要消费 8000 吨口粮、2 万吨蔬菜、1000 吨食用油、1650 吨猪肉，每天的消耗量相当于 25 列火车运送量，且自给率较低，80%以上的粮食，70%左右的蔬菜、猪肉等依靠外部供应。

三是垃圾等废弃物的高度流通性。城市每天需要排除大量废弃物。以北京为例，每天要产生 2 万吨垃圾，用 2.5 吨卡车来运输，长度接近 55 千米，可绕北京三环一圈，且还将以年均 8%的速度增长。城市虽然能够通过技术手段降低对外界的高度依赖，如建筑顶部外壳采用石墨烯等具有超强导热、导电性能的先进材料，对闪电能量进行储存和转化；建筑外层安装能够吸收噪声的材料，将噪声振动转化成电能等，通过调整城市规划优化功能布局降低交通压力等，但这些措施起到的缓解作用远远满足不了城市人口密度增加带来的能源与资源压力，城市的高度流通性一旦受阻，城市将陷于瘫痪。

2）立体化、垂直化特征更加突出，城市脆弱性凸显

“9·11”事件后，世界普遍对摩天大楼等高层建筑的安全性提出质疑，但人

1 北京公交地铁票价下半年调整 地铁或按里程计价，新京报，2014 年 3 月 21 日，http://www.chinanews.com/sh/2014/03-21/5976659.shtml。

口密度的加大和城市平面扩张的限制将推动城市建筑布局向立体化、垂直化、高密度方向发展。一方面，高层建筑数量增长速度不断加快。据美国高层建筑与城市委员会 2014 年统计，全球 200 米以上的高层建筑有 1041 座，而 2000 年仅有 265 座，数量增长了约 293%，2015 年新建 106 座（图 1-4），而 2016 年摩天大楼数量的增长幅度在 18%～27%。另一方面，高层建筑平均高度也在增加。2000 年以来，最高建筑的平均高度直线攀升。此外，城市建筑物密度不断加大，如上海城市建设用地规模已经达到 3000 平方千米，占全市 43.6%。

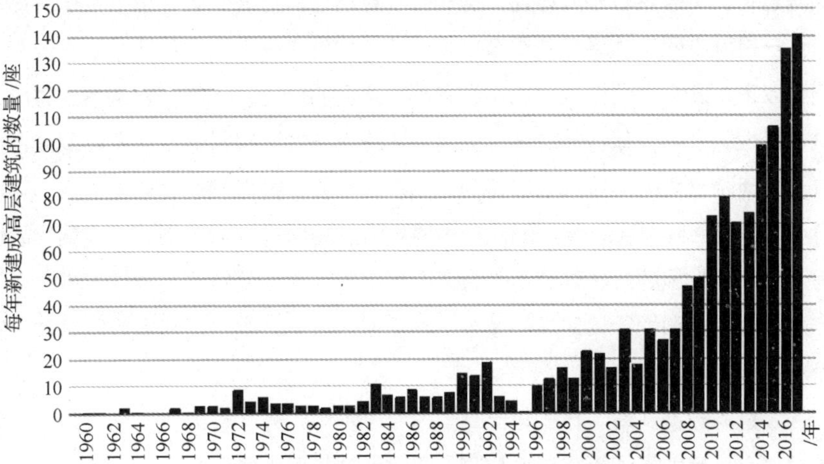

图 1-4　1960 年以来全球每年新建成高层建筑数量

城市立体化发展在节省土地资源、提升经济效益的同时也存在固有的脆弱性。一是容易被封闭，成为城市孤岛。高层建筑人员密度极大，而建筑物进出口数量和流通能力极为有限，一旦遭遇地震、火灾或袭击，人员难以疏散，尤其是电梯一旦在灾害中受损，处于建筑高层的人员极易受困，封锁有限的位置就能起到封闭整座大楼的效果。虽然目前部分高层建筑开始采用空中走廊进行楼间连接，增加摩天大楼安全系数，但只能缓解，无法彻底解决。二是容易被袭击，造成巨大伤亡。高层建筑尤其是摩天大楼一般是城市地标，经济地位重要、象征意义突出且目标相对较大，极易成为袭击目标。世贸中心双塔设计安全限值是能抵御一架波音 707 的撞击，但航空燃油引发的大火最终导致大楼整体坍塌。据测算，结构钢材在 600℃左右时强度下降 50%，在 1200～1400℃时，丧失全部的结构强度。

3）向智能化迈进，复杂网络信息体系的安全风险凸显

向智能化迈进，城市将呈现智能化特征，城市物理空间和信息空间高度融合，通过智能终端、传感器等技术实现对城市状态更透彻的感知，通过物联网实现人与人、人与物、物与物之间更全面的互联，通过云计算实现对城市各种需求更智能的响应，使城市成为高度发达的有机体。

在智能城市中，越来越多的经济、社会和公共服务依靠复杂密集的信息感知网运转，风险系数相应叠加，脆弱性日益凸显。主要体现在以下几个方面。

一是城市网络体系日益复杂，将成倍增加产生安全漏洞的概率。自计算机问世以来，安全漏洞已成为数字世界不可回避的产物。未来，网络系统将成为城市管理、发展、运行的命脉，安全漏洞随之增加，极易遭受信息窃取或系统攻击，而降低风险的传统解决路径，如加入预警、报警和快速恢复程序，可能会导致系统更加复杂，增加漏洞产生的风险。2010 年 9 月，类似“震网”的病毒对伊朗核设施的攻击导致上千台离心机报废。未来网络袭击能够对城市网络产生精确打击和大规模破坏的效果，一旦侵入供电、供水、交通等网络及控制设施，城市将陷于瘫痪。

二是大数据环境下数据与计算资源高度集中，存在较大的安全风险。大型数据中心一旦由于外因或自身故障，不仅会造成巨大的经济损失，还会导致未来智能城市“停机”。谷歌数据中心仅在 2008 年就发生了 10 多起停机事故，最长持续时间达 30 多小时，亚马逊数据中心 2012 年因电力故障导致两个最常用的服务器关闭。据估算，2007—2012 年，数据中心故障导致的经济损失达到 7000 万美元。当城市中越来越多的城市运算功能移植到少数大型但并不稳定的数据中心时，安全风险会相应递增。

三是移动通信网络弹性不足，体系抗毁能力弱。据统计，从 2008 年开始，使用移动互联网的用户数量首次超过了使用有线网络的用户，人们在摆脱有线网络束缚的同时不断增加对移动互联的深度依赖，但蜂窝式移动通信网络不具备类似互联网的弹性，信号发射塔受损、光纤受损及电力故障都可能导致通信网络瘫痪。2011 年日本海啸导致东京北部地区大量信号塔损毁，造成大范围的混乱和恐慌。此外，一旦发生意外，手机通话将突破蜂窝网络承载极限，导致手机网络运行不畅，2011 年美国东海岸地震发生后，手机通话量激增导致网络崩溃。

4. 城市的智能化

2008 年，IBM 公司推出了“smart city”的概念。在 IBM 的大力宣传及广大媒体的推动下，“smart city”的概念一经提出便很快在全球得到传播、接受并应用于实践。对于“smart city”，有“智能城市”或“智慧城市”的两种译文，本书的看法是：虽然在中文中“智慧”和“智能”的含义并不相同，但是以当前国内外的“smart city”研究现状来看，更倾向于“智能化的城市（以信息技术、智能技术等为基础的城市现代化研究）”，因此本书统称“智能城市”。而在引文中出现“智慧城市”的字样而不进行修改，这是为了尊重原作者或译者。

城市智能化发展的本质就是以信息技术为手段，以服务民生、信息惠民作为城市智能化发展的目标，紧紧围绕城市居民广泛关注和急需解决的教育、医疗、交通、养老、居家、公共服务等实际需求，以新型城市规划、建设、管理和服务智慧化的新理念和新模式为群众打造便捷、高效的智能化城市生活。

气候组织（The Climate Group）、奥雅纳工程顾问公司（Arup）、埃森哲、天际数字经济研究会（Horizon Digital Economy Research）与诺丁汉大学联合编制的《未来城市：智能栖居》（2012 年 4 月）报告中，对“智能城市”（图 1-5）进行如下定义：

战略性地利用数据、信息和通信技术实现下述目的的城市：

- 为市民提供更加高效、新颖或完善的服务；
- 监测和跟踪政府政策的落实进展，包括实现气候变化减缓与适应目标；
- 管理和优化现有基础设施，更为高效地进行新设施规划；
- 减少组织孤岛，引入新层次的跨部门协作；
- 推动公共和私营部门服务提供的创新经营模式；
- 通过协调各利益相关方之间的利益以及采用新的技术和市场机制，城市将能更好地实现智能城市的全部价值；
- 通过更为高效的基础设施管理和为全新数字基础设施产品（信息产品）市场提供支持来逐步实现智能城市价值。

如果说工业化的实质是以机器运转取代人的体力劳动，那么，智能化的实质则是以计算机取代人的脑力劳动。智能技术的核心是用计算机来模拟人在各个过程中的智力活动（如分析、推理、判断、构思和决策），从而扩大、延伸和部分替代人类的脑力劳动以实现知识密集型生产和决策自动化。

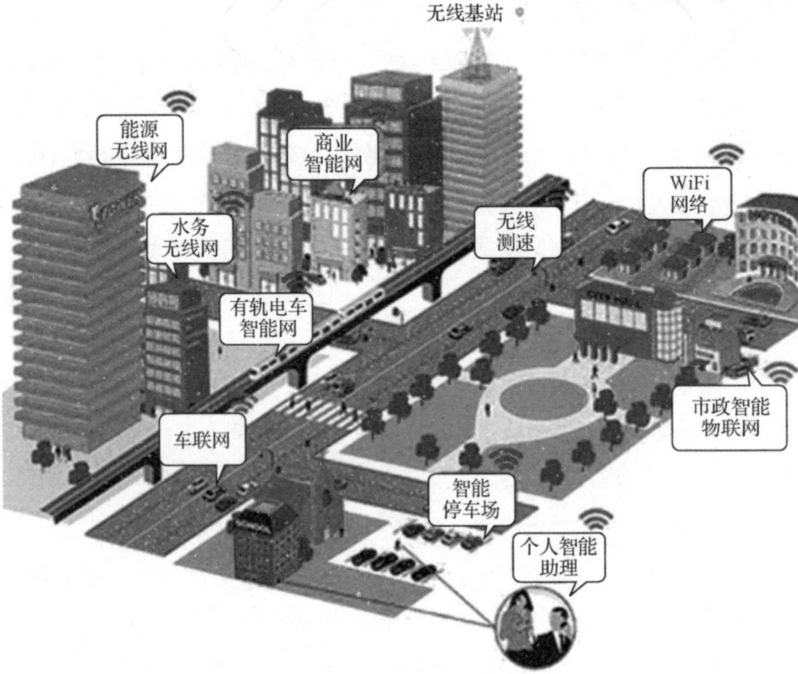

图 1-5　智能城市示意图

图片来源：互联网。

智能技术通常可分为符号智能和计算智能两大类，符号智能是以知识为基础，通过推理进行问题求解的人工智能（即所谓的传统人工智能）；计算智能是以数据为基础，通过训练建立联系以进行问题求解的人工智能，人工神经网络、遗传算法、模糊系统、进化程序设计、人工生命等都可以包括在计算智能中。

智能城市则是把城市看作一个有机体，人们来培养它的监控、学习、反应、调整和适应能力，信息的控制和利用能力是智能城市的基础。从技术层面看，“智能城市”是以网络信息为基础的城市信息体系（即综合运用人工智能、地理信息系统、全球定位系统、遥感系统、宽带网络、多媒体及虚拟仿真等技术对城市的基础设施、功能机制进行信息自动采集、动态监管和辅助决策服务的技术系统等）。

1）智能城市与信息化的关系

城市的信息化是智能城市的基础，智能城市是信息化的升华。

城市信息化是指在城市管理、经济和社会生活各个方面应用信息技术，深入开发和广泛利用信息资源，加速实现城市现代化的进程。

智能城市是指把城市中分散的、各自为政的信息化系统、物联网系统整合起来，提升为一个具有较好协同能力和调控能力的有机整体，这是以前所没有的，是传统意义上的城市信息化的升华和飞跃，并被赋予了新的内涵。

2）智能城市与数字城市的关系

智能城市和数字城市本质上都是信息社会条件下现代城市发展的高级形态。数字城市和智能城市的概念都是基于现代信息技术的快速发展和普及应用，从数字化和智能化两个不同的角度提出来的，都是信息社会条件下现代城市发展的前进方向和高级形态。两者有重叠和相近的体系结构，都是把信息技术应用在城市管理、运行和服务中，两者的根本宗旨相同，都是旨在提高现代城市的管理、运行和服务水平。[1]

智能城市的前提必然是数字化，数字城市的核心宗旨是智能化，城市数字化是城市智能化的必要条件。智能化是基于数字化条件，综合应用物联网、感知网、云计算等集感知、获取、传输、处理于一体的信息技术和应用体系，在城市发展规划、公共设施、公共服务、新兴业态等领域展现智能化。

智能城市建设必须充分利用和整合数字城市建设的成果，着力推进数据融合。从一定意义上讲，智能城市建设成败的关键不是大量开工建设新的信息化应用系统，而是如何有效推进城市范围内数据的融合，通过数据融合真正实现信息与智能决策的融合，从根本上促进实现城市治理主体的协同共享、行业的互动协调、城市的精细化运行管理甚至到人与自然的和谐相处。因此，围绕城市运行数据的采集、加工、提炼、分析、应用等开展的融合工作将是智能城市建设的核心和关键环节。

3）智能城市与物联网的关系

物联网是智能城市的重要基础设施。物联网是指通过传感器、射频识别、全球定位系统等技术，实时采集任何需要监控、连接、互动的物体或过程，采

1 李晓春，中国勘察设计协会工程智能设计分会三届三次会员代表大会暨智造城市慧享生活论坛，《智能建筑与智慧城市》，2019 年。

集其声、光、热、电、力学、化学、生物、位置等各种需要的信息，通过各类可能的网络接入，实现物与物、物与人的泛在连接，实现对物品和过程的智能化感知、识别和管理。

从物联网的定义可以看出，物联网强调的是“物”和“网”，是智能城市的重要基础设施。其中的“物”强调物理世界中的每一个物件都要能被感知，要求都有地址，都可以被通信，都可以被控制。而这些“物”要泛在地互联成“网”。这里的网是泛在的，包含传感网、电信网、互联网及各种专网等。

从技术角度讲，智能城市更强调的是在物联网这些基础设施上的“协同运作、全面整合、激励创新，并且具有一定的自我学习、自我成长和自我创新能力”。另外，智能城市不仅涉及技术层面的内容，还包括政治、管理、文化方面的内容，更强调为民服务的思想。通过智能城市建设一个和谐、美好的城市生活环境，使整个城市像一个有智能特色的“人”那样，具有较为完善的感知、认知、学习、成长、创新、决策、调控能力和行为意识，使绝大多数的人们都能享受到智能城市的服务和应用。

4）智能城市与云计算的关系

智能城市推动云计算落地。云计算是一种基于网络的支持异构设施和资源流转的服务供给模型，它提供给客户可自治的服务。云计算支持异构的基础资源和异构的多任务体系，可以实现资源的按需分配、按量计费，达到按需索取的目标，最终促进资源规模化，促使分工的专业化，有利于降低单位资源成本，促进网络业务创新。

智能城市是由多应用、多行业、复杂系统组成的综合体。多个应用系统之间存在信息共享、交互的需求。各种不同的应用系统需要共同抽取数据综合计算和呈现综合结果。如此众多繁复的系统需要多个强大的信息处理中心进行各种信息的处理。要从根本上支撑庞大系统的安全运行，需要考虑基于云计算的网络架构，建设智能城市云计算数据中心。在满足上述需求的同时，云计算数据中心具备传统数据中心、单应用系统建设无法比拟的优势：随需应变的动态伸缩能力以及极高的性能投资比。也就是说，智能城市的建设推动了云计算落地。

反过来说，云计算给城市建设插上“智能”的翅膀。依托云计算、物联网等新兴技术，以信息技术高度集成、信息资源综合应用为主要手段，加快推进城市信息化，是建设智能城市的基础。政府是云计算建设的主要推动力，因为政府积累的大量数据，能强有力推动云计算落地。行业云是当今市场的热点，能实现行业数据的“活化”，推动公共服务。移动终端设备和云计算的发展给智能城市建设带来了新的动力。下一代人工智能技术与网络、数据中心结合在一起，将发展出新的智能化方式，人们在“智能城市”的“智能生活”将更加丰富多彩。

以上的信息化、数字化、物联网、云计算等内容都是在人工智能的基础上实现的，人工智能为智能城市的审查、考评、生成、多方案比较提供重要的技术手段，在城市信息化浪潮与数据科学崛起的共同推动下，智能城市开始在全球范围内成为未来城市发展的新理念与新实践。大数据、数据活化、数据挖掘等数据管理、应用与分析技术在智能城市建设当中具有核心作用。人工智能城市将使城市治理从经验走向更加科学，进一步推动智能城市治理走向网络化、体系化、智能化。

案例——人工智能

人工智能是软件还是硬件？[1]

技术如何传播通常取决于他人在复制该技术时的易用性。软件通常比硬件更容易扩散，这既是因为商业激励可以推动软件创建，也是因为创建新软件所需的人才库甚至可以存在于非主要军事生产国，例如，亚洲的发达经济体。

当前机器学习人工智能的大部分革命都是大量数据集的可用性和足够强大的计算硬件来处理它们的结果。

人工智能国家权力的关键要素，与将其视为软件还是硬件息息相关。在某些方面，人工智能代表软件，它不是航空母舰或机动车，它不是一件物理设备。但是在训练算法之后，人工智能也可以成为一个硬件。但将人工智能仅仅视为软件就太简单了。

近几十年来，计算机硬件已经变得越来越商品化，使得具有多种不同数据类型的数据中心具有相对类似的硬件。人工智能技术是一个值得注意的例外，目前使用的大多数最流行和最强大的机器学习技术（如深度学习）计算是非常密集的。实际上机器学习当前的大部分革命，都是足够强大的计算机硬件来处

1 [美]CNAS：智能时代的战略竞争（*Strategic Competition in a Era of Artificial Intelligence*）。

理大量可用数据集的结果。

此外，人工智能算法倾向于支持相对较窄的数学计算集。因此，它可以从使用更专业的计算机芯片（如图形处理单元）中获益，甚至可以从定制设计的芯片中运行人工智能算法。许多领先的软件技术公司已经致力于此类芯片的设计，以便从这种定制设计的人工智能硬件中获益。

目前人工智能硬件有以下几个方面的重要内容。

首先，给定人工智能算法的机器学习训练时间可以通过先进的硬件显著缩短。训练时间可能会从几周或几天缩短到几小时或几分钟。因此开发人员可以更快地运行实验和开发原型。

其次，改进的硬件还可以降低功耗。机器学习培训阶段需要大量电力，电费通常可能是总成本的重要因素。

再次，一些尖端的机器学习应用程序是高度依赖算力的，以至于它们目前无法离开重要的计算资源。

最后，计算速度的增加和功率的降低在最终用户应用程序上具有明显收益。例如，许多智能手机现在拥有一个定制芯片，该芯片经过优化用以运行面部识别的机器学习算法。如果没有这样的定制芯片，这些应用会过快地耗尽电池电量。对于飞机或无人机上的物体识别人工智能系统也是如此。

这创造了一个有趣的潜在情况，即人工智能的重大进步需要硬件，而一旦完成算法的训练，人工智能就成了容易扩散的软件。人工智能的这一特性与人工智能技术社区的开放文化相结合，导致各种研究广泛发布，并且可以在线免费下载经过培训的人工智能模型。这种情况下，人工智能是硬件还是软件就会更加复杂，如果使用算法比训练算法需要的硬件门槛低很多，那么全世界人工智能算法玩家的能力就取决于谁创建了这些算法，以及他们如何创建它。

（二）主要国家和地区的智能城市

1. 美国

2009 年，IBM 提出“智慧地球”概念之后，奥巴马政府积极回应，将城市智能化上升到了国家层面，予以高度重视。美国将艾奥瓦州的杜比克市（Dubuque）作为第一个“智能城市”试点建设，以此拉开了美国“智能城市”

建设的序幕。

城市的诞生与发展离不开科技的进步。根据美国总统科学与技术顾问委员会提交的《科技与未来城市报告》：智慧社会与城市的发展不仅是信息通信技术等科技领域的发展，更重要的是科技如何影响到人日常生活中各个方面（社会、经济、政治），构筑一个更加繁荣和可持续的人居环境。2015 年 10 月底，由美国国家经济委员会与美国国家科学与技术政策办公室编写的《美国创新新战略》出炉，智能城市建设成为美国政府九大战略领域之一。当年，美国总统奥巴马宣布将投入 1.6 亿美元用于"智能城市"的研发和建设，将首先推动物联网应用试验平台建设。作为城市智能化发展的基础，美国在信息基础设施领域的投入也有不少提高。美国互联网平均下行带宽在 2014 年 9 月已接近 31Mbps，为 2011 年 3 月平均速度 10 Mbps 的三倍多。[1]

《科技与未来城市报告》从智慧城市硬件建设的视角出发，强调如何利用信息通信技术等前沿科技完善城市核心基础设施（如交通、能源、建筑与住房、水资源等）和经济活动，对应高效、绿色的宜居环境；便利、移动的社会经济；连接、共享的社会交往三个关键方面的发展目标。除此之外，智慧城市的软环境建设还应当包括教育、健康、社会服务等内容。

美国咨询公司 IHS 于 2014 年 7 月《智能城市：商业模式、技术及现行计划》（*Smart Cities：Business Models，Technologies and Existing Projects*）的研究报告显示，美国的智能城市计划中，地方政府根据本身城市的环境特点，各自规划和推行，在与民间和企业合作开展各项智能城市项目方面尤为出色。与此同时，不同城市侧重个别领域的发展，大致可归纳为五项，包括：

（1）改善运输系统，以加强城市对内和对外的流动性；[2]

（2）提升能用使用效率，促进城市长远发展的可持续性；

（3）更新各种信息及通信基础设施，为市民、企业和公共部门提供更为方便的生活、营商和工作环境；

（4）加强对城市公共空间的监察和保护，让城市变得更为安全；

（5）改革公共治理、规划和调整城市各项功能和服务，以应对如交通拥挤和能源消耗等一系列城市管理的挑战。

1 徐鹏，美国网络宽带速度增长率落后于其他国家，2016，http://news.zol.com.cn/561/5610407.html。

2 党倩娜，美国智慧城市整体发展概况，2019.12.2，http://www.istis.sh.cn/list/list.aspx?id=12348。

2. 欧洲

欧洲早在2002—2005年就实施了“电子欧洲”行动计划，并在2006—2010年间完成了第三阶段的信息社会发展战略，在此基础上，欧洲各城市开始了智能城市的实践。欧盟自2005年实施“i2010”战略之后，循序推出了《信息通信技术研发和创新战略》、《欧洲2020战略》、《欧洲数字化议程》、“智能城市和社区欧洲新伙伴行动”以及由欧盟委员会发起的“智能城市和社区的欧洲创新伙伴关系”等一系列规划，资助成员国进行城市智能化发展。

英国专门成立了城市智能化发展机构（Future Cities Catapult），确保城市智能化项目的持续开展[1]，因地制宜地进行探索和建设。在物联网方面，英国自2014年起开始大规模搭建物联网网络，在伦敦、爱丁堡和利物浦等地架设低耗电网络，基本实现了与停车场、烟雾警报器，甚至手机等设备的互联互通，在英国形成了相当完善的物联网布局。

与英国相比，德国的城市智能化更加注重能源节约、高效、转型。《德国蓝皮书：德国发展报告（2016）》指出，德国城市智能化发展以解决特定问题为契机，以示范性项目和局部试点为起点[2]，如柏林要着重应对人口膨胀和城市发展的压力，所以除节能减排外，城市布局和交通规划也是工作的重点；法兰克福的城市智能化发展主要由法兰克福环保局负责，其建设目标是成为100%使用可再生能源的城市，其建设重点是推进能源生产、分布、储存、消耗四个方面的重点研发和试点；作为德国最大的港口城市，汉堡的城市智能化发展重点是城市交通的智能化改造和智能电网的建设。

早在2009年，西班牙的巴塞罗那市议会便提出了“智能城市”的设想，希望以此提高公民的福利和生活质量。之后，巴塞罗那又根据《欧洲2020战略》制定了《MESSI战略》，旨在协调经济、环境和社会可持续发展，提高公民的福利和生活质量，促进经济进步。经过六年的建设，巴塞罗那的城市智能化取得了卓越的成果，在2015年Juniper Research的全球“智能城市”排名中，巴塞罗那位列全球第一。巴塞罗那城市智能化是一个综合规划，包含从信息化基

1 中国新闻网，“乌镇进程”即将启动 各国如何打造“智慧生态”，2016-11-16，https://it.sohu.com/20161116/n473322414.shtml。

2 郑春荣. 德国蓝皮书：德国发展报告（2016）[M]. 北京：社会科学文献出版社。

础设施、智能社会公共服务到城市的绿色可持续发展等在内的各个方面。巴塞罗那致力于推广低碳绿色环境发展政策，推出了涵盖能源替代、运输管理和绿色建筑的新绿色城市运行计划以减少二氧化碳排放量。西班牙在“城市 2020”项目中，知名跨国 IT 巨头英德拉公司成为主要的牵头企业，包括马德里理工大学、巴塞罗那数字技术中心和智能基础设施创新中心在内的各大高校及科研机构也将组织专项研发团队参与“城市 2020”项目。

案例——典型智能城市

“实时罗马”（Real Time Rome）

作为智能城市发展一部分的信息流能为城市及市民创造和传递附加价值。“实时罗马”（Real Time Rome）（图 1-6）就是一个较早的先例。“实时罗马”利用意大利电信公司（TelecomItalia）的现有基础设施来获取移动运营商的网络信息，从而将当前城市动态进行实时可视化操作。市政当局通过这些直观化的信息对市内建筑使用情况及其与能耗的关系有了进一步了解，并改进了城市公共交通，使之更好地适应人口出行模式。此外，在高负荷情况下，还可利用信息流对移动网络系统进行详细测绘，而意大利电信公司也能以此精简运作，降低总体能耗，为用户提供更好的服务。

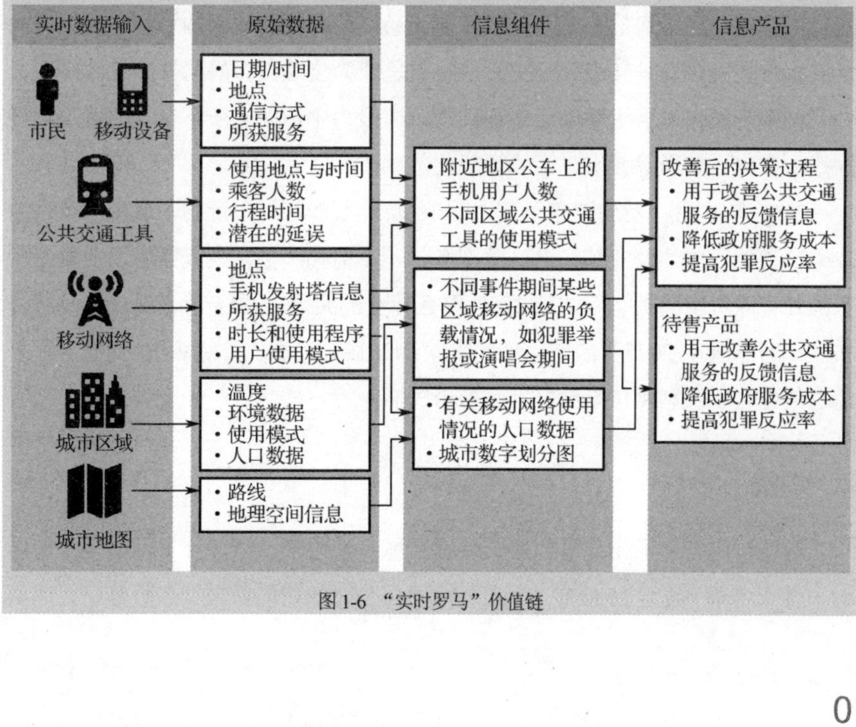

图 1-6 “实时罗马”价值链

"实时罗马"项目收集到的数据包括：信息跟踪和市内通信网络信息；市民出行模式；运输系统的运行；街道和社区的空间使用及社会使用情况等。

3. 亚洲

在亚洲城市智能化发展方面，处于建设前沿地位的主要有日本、韩国、新加坡等，前期经验比较丰富。近两年亚洲国家城镇化进程加快，城市智能化发展的需求随之增加，以印度为代表的多个国家相继提出城市智能化发展规划，亚洲也随之成为城市智能化发展的重要地区。

日本城市智能化发展的目标和理念是通过电子信息技术的广泛应用，以人为本，打造绿色、高效、健康、便捷的智能化城市，并以信息技术带动日本新产业的发展。在建设模式上，日本充分发挥企业的作用，多方合作，形成合力，推动城市智能化的进程。例如，"智能化高速公路"设想就是由日本最大的汽车生产商丰田公司率先提出的。松下公司也提出利用光纤技术武装城市，推动实现智能家庭、智能学校、智能医院等。

韩国政府于 2006 年启动了 U-City 计划，2009 年更是投入 4.15 亿美元全力支持 U-City 的建设。目前，韩国已基本实现桥梁、医院、学校等公共基础设施的网络覆盖。作为全球城市智能化的典范，2011 年首尔市发布了"Smart Seoul 2015"计划，提出包括智能办公、智能交通、公共福利在内的智能应用领域的发展以方便民众，其智能公共交通系统更是成为全球瞩目的榜样。总体来看，韩国城市智能化发展主要以网络基础设施建设为主，以无所不在的网络来实现医疗、教育、交通等城市生活的智能化。

2006 年 6 月，新加坡启动了为期 10 年的"iN2015"计划，取得了丰硕的成果，通信行业的营业额和出口分别增长了 1 倍和 3 倍，九成家庭用上宽带、学龄儿童家庭电脑拥有率达到 100%等目标全部实现。2014 年，新加坡政府公布了"智慧国家 2025"的 10 年计划（"iN2015"计划的升级版），其重点在于信息的整合以及利用信息更好地服务于民。

4. 中国

我国推进智能城市建设以来，住房和城乡建设部（住建部）发布三批智能城市试点名单，截至 2020 年 4 月初，住建部公布的智能城市试点数量已经达到

290 个，中国的智能城市试点项目超过欧洲、印度和美国之和。我国已进行了一批智能城市试点建设的探索与实践，随着国家相关政策的不断完善，近几年国内迎来了城市智能化发展的井喷时期，“十三五”期间，国家发展和改革委员会与中央网络安全和信息化委员会办公室、智能城市部际协调工作组等共同推出 100 个新型智能城市试点。全国多个省、市也相继出台了城市智能化发展建设规划，城市智能化从盲目跟风建设逐步走向依据城市特色和需求科学规划的建设道路。

我国城市正处于新旧治理模式交替、城镇人口快速上升、信息技术蓬勃发展的阶段，智能城市的出现和建设发展顺应了我国政策、社会、技术和实践背景，在四维度的利好之下，我国智能城市建设蓬勃发展起来。我国城市智能化发展聚焦于提升公共服务效能，释放“互联网+”、大数据等政策和资源红利，通过物联网、云计算、大数据等信息技术手段，整合各类民生服务资源，扩大城市智能化服务的应用范围，创新服务渠道和模式，打造以人为本、市民参与、社会协同的开放创新空间，促进城市管理精准化、透明化和高效化，形成便捷高效的公用管理服务平台，以及以便民、惠民为主要特征的民生服务体系，解决城市居民生活所需，为城市居民提供简单、便捷、科学、高效、智能的生活服务，打造和谐、宜居、智能的新型城市智能化。

党的十九届四中全会明确提出国家治理体系和治理能力现代化的总体要求。党的十九届五中全会发布的《中共中央关于制定国民经济和社会发展第十四个五年规划和二〇三五年远景目标的建议》提出，坚定不移建设制造强国、质量强国、网络强国、数字中国，必须加快数字化发展，为智能城市指明了方向。

5. 展望

从国外城市智能化发展的经验来看，其发展模式各具特色，但都遵循从城市的实际和发展需求出发，因地制宜，着眼长远和大局。如欧洲智能城市建设围绕城市特色，以绿色低碳为主题，北美地区智能城市注重数据开放和建设实效，以市场化机制推动。我国的城市大多数依托城市发展优势，启动了以电子政务、平安城市、产业园区、旅游城市、大数据中心建设为主题的城市智能化发展方向。未来将形成以城市为依托，按需建设、因地发展，拓展区域发展空间，打造互通共享城市智能化生态群为目标。

（三）智能城市的技术

1. 智能城市信息物理系统

大数据时代的技术设施——物联网、感知网、云计算等作为复杂信息系统，包括从标准到传感器数据采集、处理和平台应用的全过程，这其实本质上是个集物理和信息的一体化系统。城市智能化发展的内涵是科学运筹赛博、物理和人类三元空间（Cyber-Physics-Human，CPH），巧妙汇聚城市市民、企业和政府智慧，深化调度城市综合资源，优化发展城市经济、建设和管理，持续提高城市发展与市民生活水平，更好地为市民的当前与未来服务；其外延是通过体系规划、信息主导、改革创新，推进新一代信息技术与城市现代化的深度融合、迭代演进，促使城市数据资源汇聚共享、现有数据统计方法和系统革新、城市决策治理模式改变、深化民生服务智能化应用、行政体制简洁高效，实现国家与城市的协调发展。

其中，实现物理和物理系统紧密联系的是信息物理系统（Cyber-Physical Systems，CPS）这一概念。信息物理系统是一个将计算、通信和控制深度整合到物理系统中，依赖计算过程对物理过程进行感知和控制，实现信息空间与物理世界无缝结合的工程系统。CPS 通过集成先进的感知、计算、通信、控制等信息技术和自动控制技术，构建了物理空间与信息空间中人、机、物、环境、信息等要素相互映射、适时交互、高效协同的复杂系统，实现系统内资源配置和运行的按需响应、快速迭代、动态优化。

信息物理系统的核心元素是由相互连接的实体（物理实体和信息实体）构成的系统，通过通信网络，系统能从传感器获取物理实体及其周围环境的信息，通过执行器与物理世界进行互动，并能使用现有的互联网标准为应用提供服务，实现信息世界和物理世界的深度融合。

在信息物理系统中，系统运行的时间和空间范围是分布式、异步的。信息物理系统是一个由结构、功能不同的子系统构成的动态混合系统，包括感知决策和控制等各种不同类型的资源和可编程组件，各个子系统之间通过有线或无线通信技术，依托网络基础设施相互协调工作，实现对物理与工程系统的实时感知、远程协调、精确与动态控制和信息服务。信息物理系统各个层级的组件与子系统通过感知技术获取和处理相关数据，然后以数据融合的方式向上提供服务数据，并对各个物理世界接口的数据进行协同信息处理，用户最终得到全面、精确的事件信息。

人工智能分析可为智能城市的审查、考评、生成、多方案比较提供重要的技术手段，人工智能城市规划将使规划方法从经验走向更加科学化，进一步推动中国智能城市建设走向低碳城市、信息城市、绿色城市“三城”融合。综合应用城市大数据和信息技术的智能分析、智能提取可能还会自动生成城市规划方案。然而，城市规划毕竟是一个比较复杂的巨系统，不仅包含人口、资源、环境等因素，还包括包容、公平、正义、政府决策等，属于多因子评价系统。所以人工智能的城市规划并不能完全代替人脑进行创新，但可以使人从繁重的调研、比较、数据分析、交通模拟中解脱出来，将更多的时间和精力用于创新。这将是中国乃至全世界城市规划的创举。

2. 物联网技术

物联网使城市能够及时地获取比以前更多的高质量数据。例如，电表和监控发电网络容量的传感器可持续地收集电力供需数据，现有的设备和传感器（如煤气、电表和水表）非常普及，成本也低廉，它们几乎可以测量、感知和了解所有方面的确切状况。另外，新的传感器和设备提供了更大的数据收集可能性，例如，汽车、电器、相机、公路和管道，这些物体共同构成“物联网”。这些物体的相互连接实现了城市基础设施内的物体、人和系统之间的通信与协调，为获取和共享信息提供了新的方式。预计到 2025 年，全球物联网设备数量将超过 1000 亿台，这相当于地球上每个人有 15 台。[1]这些已有的和新式的传感器及设备都可以嵌入到各个核心城市系统中，帮助城市应对和解决其面临的诸多挑战——从改善图书馆服务到维护排水系统等。

互联在数据、系统和人之间创建了连接，而这在以前是不可能实现的。截至 2021 年 1 月，全球手机用户数量为 52.2 亿，互联网用户数量为 46.6 亿，而社交媒体用户数量为 42 亿。[2]

---

1 北京日报，英特尔：2025 年全球物联网设备数量将达 1000 亿台，2020-09-21，http://news.21csp.com.cn/c16/202009/11399713.html。

2 报告：全球网民数量达 46.6 亿 中国人每天上网 5 小时 22 分，新浪科技，2021 年 1 月 27 日。https://finance.sina.com.cn/tech/2021-01-27/doc-ikftpnny2352791.shtml。

人工智能所采用的新的计算模式和新算法使城市更具有预见能力，从而使决策者可以采取明智的决策和行动。先进的分析能力，不断提高的存储和计算能力，这些新的模式可将海量的数据转化为智能，从而创造洞察力，以此作为行动的基础。例如，带有时间数据（用于预测流量）的统计模型可用于根据需求调整并优化城市交通拥堵状况。

物联化、互联化和智能化能力的新一代解决方案不断出现，可用于改进城市的所有核心系统，这使得城市更加"智能"（表 1-1）。不仅如此，这些解决方案可以明确不同系统之间的交集，帮助治理者更好地了解城市内发生的状况，并且采取更有效的行动。

表 1-1　利用物联化、互联化和智能化使核心系统更"智能"的实例

系　统	要　素	物联化	互联化	智能化
城市服务	● 公共服务管理 ● 当地政府的管理	地方当局管理信息系统的创建	互联的服务交付	即时且联合的服务提供
医疗	● 健康与教育 ● 公共安全 ● 政府服务	患者诊断与筛查设备	连接医生、医院和其他健康服务提供商记录	以患者为驱动的早期治疗
商业	● 商业环境 ● 管理负担	关于在线商业服务的数据收集	连接城市商业系统的各利益相关方	为商业提供定制的服务
交通	● 汽车、公路 ● 公共交通 ● 机场、海港	测量交通流量和通行费的使用情况	集成的交通、天气和旅行信息服务	公路收费
通信	● 宽带、无线 ● 电话、计算机	通过手机收集数据	连接手机、固定有线电话和宽带	为消费者提供个性化的城市服务信息
水	● 卫生 ● 净水供应 ● 海水	收集水质监控数据	连接供水企业、港口、能源用户	质量、洪涝、旱灾响应
能源	● 油、气 ● 可再生能源 ● 核能	利用传感器收集能源系统中的使用量数据	连接能源消费者和提供商之间的装置和设备	优化系统的利用并平衡不同时间的使用量

资料来源：IBM 商业价值研究院分析——Susanne Dirks，Mary Keeling，Jacob Dencik。

3. 数据技术

基础数据是智能城市的基础，基于基础数据的分析、处理及整合，可以协调不同业务、不同领域、不同部门之间的业务处理情况，实现城市资源的综合利用。在大数据技术领域，主要目的是围绕打造信息优势并向决策优势转换的发展目标，通过突破高效、稳定、易用、安全的大数据分析处理技术，解决当前数据资源利用单一、分析挖掘手段缺乏、智能化辅助能力低的问题，为新型智能城市建设提供支撑。

城市大数据作为大数据的主体，在城市智能化发展过程中将发挥越来越重要的作用。城市大数据是指城市的政府、公共机构、企业、个人利用新一代信息技术手段获取和汇聚的各类城市设施设备、个人和集体等主客体所产生的动静态数据，以及环境资源、地质、地貌数据等。Thakuriah P 等人将城市大数据分为 5 类，即基于传感器系统的数据、用户生产数据、政府管理数据、客户和交易记录数据、艺术和人文数据等。[1]

大数据对于智能城市建设而言当然很重要，但是数据的来源和采集更为根本，基于数据分析进行的反馈和控制才是目标所在，这就需要打造旨在实现万物互联的物联网。这些年来，不同的行业已经开始了相应的数字化转型过程，形成了与物理世界（现实世界）相对应的数字世界（虚拟世界），而将这两者关联和融合在一起的就是物联网。

"随着数字形式和物理形式建立映射关系，当改变数字世界的映射状态时，物理世界的对象也会相应发生变化，反之亦然。这种情况一旦形成，就可以实现对万物的程序化控制。"尹浩所描述的前景无疑是非常梦幻的，而这正是物联网致力于实现的目标，因此，相关研究报告把物联网技术列为未来最具颠覆性的技术之一。

智能城市建设离不开物联网，它给城市各方面带来重大变革。从实践上来看，物联网成为各国智能城市的核心基础要素，在城市管理、节能减排、智能

1 Thakuriah P, Tilahun N, Zellner M. 2015. Big data and urban informatics: innovations and challenges to urban planning and knowledge discovery[C]. Workshops on Big Data and Urban Informatics, Illinois, USA。

交通等领域广泛应用。尹浩表示，就中国而言，一半以上在建的智能城市应用项目，如公共安全、交通、医疗、环保、地下管网、水务、教育等均依托物联网。它们以自动感知为基础、数据采集为手段、智能控制为核心，实现物联网技术的综合集成应用。

以数据为中心的智能城市技术从顶层设计到具体的技术细节，均是以海量的城市数据作为核心支撑的。因此，城市数据的感知与获取技术就成为研究工作的整体技术基础。传统的城市传感器技术在为不同的行业应用提供服务的同时，也直接或间接地收集到了大量的城市动态感知数据，这些数据使得现有的研究工作成为可能。与此同时，随着移动互联网的兴起，人们可以随时随地地记录和分享自己的所见所闻，使得“以人为传感器”对城市进行感知的群体感知技术开始日渐兴起。例如，使用微博数据对 2012 年北京市“7·21”暴雨的积水点进行了检测，其结果与实际积水点基本相符。目前，群体感知技术在智能城市应用中还只是传统数据获取方式的一种补充，相信在不久的将来，群体感知技术将会逐步走向前台，成为智能城市应用的一项主要数据来源。[1]

1）数据管理技术

海量城市数据的存储、管理与检索是一项具有挑战性的工作，已有的一些研究工作显示，分布式数据库、Hadoop 等现有的数据管理方式尚无法完全满足智能城市应用对于海量数据查询与管理的实时性和灵活性的要求。造成该问题的根本原因在于，用于智能城市应用的海量城市数据并非专门为建设智能城市而收集（多为城市信息化和数据化过程中的信息基础设施），数据管理系统的设计者更多考虑的是其初始的数据应用需求，而没有对智能城市应用做任何数据管理优化。同时城市计算等智能城市技术在数据利用方面又有着异常广阔的想象空间，即便是智能城市研究的专家也无法列举所有可能的应用模式。这就导致数据管理系统的设计者在开发系统时无法获知系统应用者的具体应用需求，从而引起数据管理系统与应用系统之间的不匹配，影响系统的整体性能。如何解决这一问题，目前学术界和工业界还没有非常成熟的技术方案和支撑理论。

1 杨晓蔚，德国智慧城市，有多智慧？，《中国生态文明》，2018 年。

2）数据挖掘技术

数据挖掘技术是大数据时代进行数据利用和知识发现的另一项核心关键技术，构建以数据为中心的智能城市也必然需要数据挖掘技术的大力支持。该技术领域一个主要的挑战在于如何在海量多源的城市数据中寻找合适具体应用的数据。

3）数据活化技术

数据活化（Data Vitalization）概念是由北京航空航天大学熊璋教授所提出的一种全新的数据管理与应用模式。数据活化也就是赋予数据生命的意思，数据活化技术的核心思想在于将真实物理世界中的数据内在联系映射到数据存储与管理的数字空间中，使存储空间中相互隔离的数据变为一个有机的整体，恢复数据在物理世界当中的关联性,并突破信息空间在进行数据利用时的局限性。数据活化体系结构采用“活化细胞”（Vitalized cell）对数据进行组织。活化细胞作为数据组织和管理的最基本单元，一方面具有对数据的存储能力，另一方面也具有映射物理空间中数据联系与相互作用的计算能力。活化细胞在存储数据的同时，会根据实际应用的不同，不断地学习用户应用行为并对细胞中的数据进行重组织，使数据可以更好地适应多样化的用户需求。同时，当物理世界中数据描述对象发生变化时，活化细胞还可以通过自主演化的方式来改变数据的存储结构和内容，从而实现存储数据的代谢与演化过程。

数据活化技术非常适合追踪物理世界中的对象实体在数据空间中的映射演进过程，是处理海量城市数据、构建智能城市的有力工具。例如，研究人员使用数据活化的思想设计了一种海量城市数据联网的数据组织工具 IOD（The Internet of Data），该工具可以应对现有物联网数据的活化组织，非常适合城市中海量物联网与传感器数据的管理。可以将数据活化思想直接应用到智能城市当中，设计一种面向城市数据的数据活化体系架构。研究人员使用数据活化技术对监控视频数据进行结构化的描述，该研究的成果可以用以解决城市视频监控数据的高维度和非结构化问题。除此之外，数据活化技术也受到了工业界的密切关注。美国 Bardess Group Ltd. 基于数据活化技术开发了一种数据活化的数据管理解决方案，它的数据管理架构共有五层，如图 1-7 所示。该架构组织具有更新、学习和演进的能力，使用该架构可以有效地提高企业数据资产的整体管理质量。

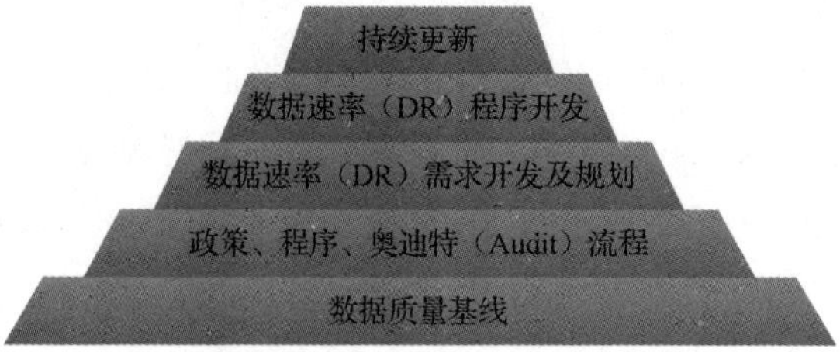

图 1-7　数据管理架构

数据活化技术已经在智能城市、视频数据分析、企业数据资产管理等数据密集性应用领域初步展示了其技术优势。使用数据活化技术对城市数据的组织与管理方式进行重构，从数据的底层结构开始实现数据的智能化，将会是未来智能城市技术研究的一个重要的发展方向。

4）数据可视化技术

智能城市技术是一种与普通民众生活紧密结合的应用技术，友好亲切的服务呈现方式是其中必不可少的环节。数据可视化技术能够将复杂纷繁的城市数据以一种简洁有序的方式呈献给用户，可以很好地填补技术到用户之间的理解鸿沟。在城市数据应用的推动下，数据可视化必然会成为未来智能城市技术体系当中至关重要的一环。[1]

以数据为中心的智能城市是一个多学科、多领域相互交融的交叉学科。该领域的工作涉及信息科学、交通科学、环境科学、规划与建筑学、统计物理学以及社会科学等多个不同领域的基本理论与技术工具。图 1-8 给出了不同学科在以数据为中心的智能城市技术研究中所扮演的角色。

从图 1-8 可以看出，由于数据收集、管理、分析、处理与应用均需要依赖于信息技术，因此信息技术在整个领域中起到了核心的主导作用。同时，与城市生活运行密切相关的各项专业学科知识作为信息技术在某一专业领域的知识补充，极大地扩展了信息技术所能够涵盖的应用范围。在对城市数据进行应用时，某一专门学科的专业知识可以帮助信息技术建立所需的数据分析与处理模型。在整个以数据为中心的智能城市研究领域中，信息技术既是多学科进行交

1 杨晓蔚，德国智慧城市，有多智慧？，《中国生态文明》，2018 年。

叉合作的关联核心，也是支撑各个学科发挥其专业优势的公共技术平台。如果没有信息技术作为衔接，专业学科知识很难在完全不相关的领域中建立起必要的联系。同时，如果没有专业学科知识的帮助，信息技术所能发挥的作用也只能停留在信息领域中，无法发挥出其应有的强大作用。

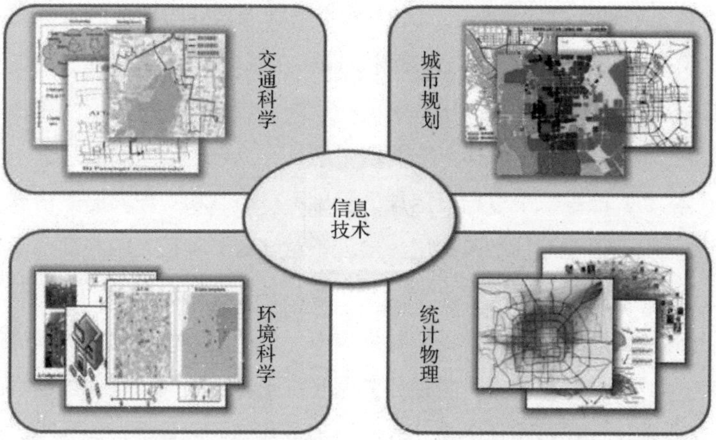

图 1-8　不同学科在智能城市技术研究中所扮演的角色

因此，在智能城市领域开展数据研究时，技术思路上需要充分考虑其学科交叉的特点，注意吸收和使用多学科的知识、经验与技术。一方面要利用信息技术的视角，将信息科学的知识与核心思想应用到不同的学科领域当中，解决智能城市建设过程中的不同领域的应用问题；另一方面也需要多借鉴其他学科的问题分析与解决模式，将其融合到信息技术领域，从而丰富和扩展信息技术的内涵与外延。

（四）智能治理现代化

在中国古代的语境中，“治”的概念可谓源远流长。但古人所说的“治”与部分情况下的“治”“理”连用，都和现代意义上的“治理”，以及现在人们常用的“治国理政”层面的“治理”具有很大的差别。

在西方，“治理”（Governance）来源于古拉丁语和古希腊语中的“掌舵”一词，长期以来它与“统治”（Government）一词交叉使用，其意为控制、引导和操纵。

在当代，中国语境中的“治理”与西方在 20 世纪 80 年代提出的“治理”

概念事实上是有所不同的。中国语境中的国家治理体系和治理能力现代化是以国家构建为出发点，更多强调的是国家层面的治国理政。而西方所提出的“少一些政府，多一些治理”更多的是指在公共事务管理的操作层面。

全球治理委员会 1995 年发表的题为《我们的全球伙伴关系》中进行如下界定：“治理是各种公共的或私人的个人和机构管理其共同事务的诸多方式的总和。它是使相互冲突的或不同的利益得以调和并且采取联合行动的持续的过程。这既包括有权迫使人们服从的正式制度和规则，也包括各种人们同意或以为符合其利益的非正式的制度安排。它有四个特征：治理不是一整套规则条例，也不是一种活动，而是一个过程；治理的基础不是控制和支配，而是协调；治理既涉及公共部门，也包括私人部门；治理不意味着一种正式的制度，而是持续的互动。[1]

根据这样的定义，治理理论倡导发展多元化的、以市民社会为基础的、分权与参与相结合的管理模式，重视公共服务供给和公共问题解决过程中的公民参与。这就是说，在市民社会中，政府不再是实施社会管理功能的唯一权力核心，而是非政府组织、非营利组织、社区组织、公民自组织等第三部门及私营机构将与政府一起共同承担管理公共事务、提供公共服务的责任（图 1-9）。

在通常意义上，一个好的治理或能称为善治（Good Governance）的体系应当包括以下基本要素。

① 合法性（Legitimacy），指社会秩序和权威被自觉认可和服从的性质和状态。

② 透明性（Transparency），指政治信息的公开性。

③ 责任性（Accountability），指人们应当对自己的行为负责。在公共管理中，特别指与某一特定职位或机构相连的职责及相应的义务。

④ 法治（Rule of Law），法治的基本意义是，法律是公共政治管理的最高准则，任何政府官员和公民都必须依法行事，在法律面前人人平等。法治的直接目标是规范公民的行为，管理社会事务，维持正常的社会生活秩序；但其最终目标在于保护公民的自由、平等及其他基本政治权利。

⑤ 回应（Responsiveness），公共管理人员和管理机构必须对公民的要求做

---

1 全球治理委员会：《我们的全球伙伴关系》，牛津大学出版社，1995 年。

出及时的和负责的反应，不得无故拖延或没有下文。在必要时还应当定期地、主动地向公民征询意见、解释政策和回答问题。

⑥ 有效（Effectiveness），指管理的效率，一是管理机构设置合理，管理程序科学，管理活动灵活；二是最大限度地降低管理成本。在这样的意义上，可以将治理看作一种社会成员之间的相互作用，这种相互作用存在于组成社会的各个方面。

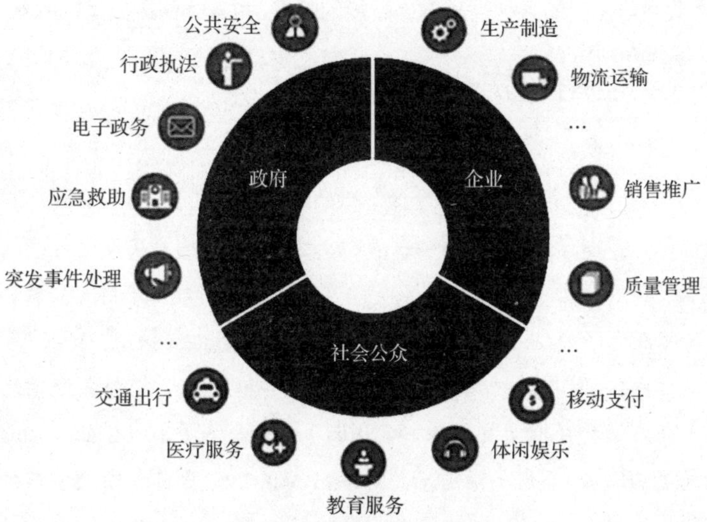

图 1-9　智能城市治理主体及其业务需求

图片来源：互联网。

善治是使公共利益最大化的社会管理过程，其本质特征是政府与公民对公共事务的合作管理，是政府与市场、社会的一种新颖关系。善治的本质特征就在于它是政府与公民对公共生活的合作管理，是政治国家与公民社会的一种新颖关系，是两者的最佳状态。善治实际上是国家的权力向社会的回归，善治的过程就是一个还政于民的过程，体现为国家与社会或者政府与公民之间的良好合作。

大数据时代开启了智能城市建设的新阶段，利用大数据、云计算等相关技术手段对海量数据进行采集、分析和利用，可及时、科学、有效促进城市治理体系的科学化、精准化和智能化。

智能城市治理体系是国家治理体系的重要组成部分，它的重点是：城市公共服务应按照一定的优先级，从基本公共服务向高级公共服务，提供的范围和强度逐渐递减，首先保证基本公共服务。在新形势下，实现公共治理体系的现代化，要深化城市治理能力，在机会平等的前提下，建立提供公共服务的筛选和准入机制，通过差异化的发展方式，推动智能城市发展。

当前，“智能城市治理”现代化已成为智能时代城市治理和社会发展的新模式、新形态。智能城市的理念是充分运用信息和通信技术手段感测、分析、整合城市运行核心系统的各项关键信息，对包括民生、环保、公共安全、城市服务、工商业活动在内的各种需求做出智能的响应，为人类创造更美好的城市生活。

案例——智能时代的开启

1956 年，人工智能元年

1956 年 8 月，在美国新罕步什尔州的汉诺威（Hanover）小镇，美丽的常春藤名校达特茅斯学院，群星闪耀，一批大师级的人物聚在一起共同研究了两个月，目标是“精确、全面地描述人类的学习和其他智能，并制造机器来模拟”。这次达特茅斯会议被公认为人工智能（Artificial Intelligence）这一学科的起源。[1]

当时，年仅 29 岁的约翰 • 麦卡锡（John McCarthy，达特茅斯学院数学助理教授）正在达特茅斯学院任教，他说服了克劳德 • 香农（Claude Shannon，信息论的创始人）、马文 • 明斯基（Marvin Minsky，哈佛大学数学与神经学初级研究员）和 IBM 公司的纳撒尼尔 • 罗切斯特（Nathaniel Rochester），共同组织了一个为期两个月的研讨会。参加会议的共有 10 位与会者，其中还包括来自卡内基理工学院（现在的卡内基梅隆大学）的赫伯特 • 西蒙（Herbert Simon，诺贝尔经济学奖得主）和艾伦 • 纽厄尔（Allen Newell，计算机科学家）、来自普林斯顿大学的特伦查德 • 莫尔（Trenchard More）、来自 IBM 公司的亚瑟 • 塞缪尔（Arthur Samuel）、来自麻省理工学院的雷 • 所罗门诺夫（Ray Solomonoff）和奥利弗 • 塞尔弗里奇（Oliver Selfridge）。

1 刘韩，人工智能简史[M]. 北京：人民邮电出版社，2018。

2

第二章　国家治理生态与城市生命体

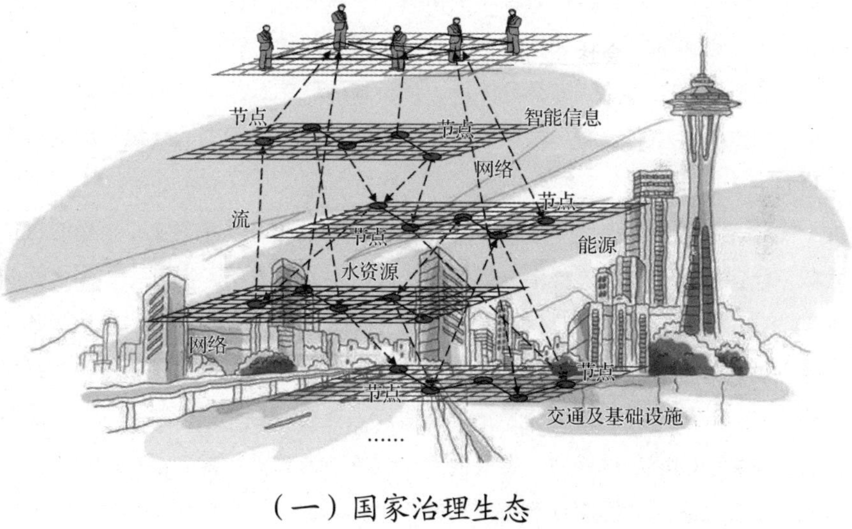

（一）国家治理生态

（二）城市生命体

(一)国家治理生态

1. 国家治理能力

笔者在《信息化国家治理》一书中提出“国家治理生态”的概念,“国家治理生态”指的是,在现代国家治理过程中,多元治理主体通过各种治理机制进行互动,共同形成的一个有机整体,它涵盖了国家治理体系与国家治理能力的诸多要素。多元主体者彼此分享共同的价值、理念,彼此协同、合作,在相互联系、相互依存的治理生态系统中共同使用各类资源,最终实现国家治理生态系统的良性发展,维护并实现各个主体的权利和利益。它具有治理主体的多元化、治理责任的分散化、治理方式的协同化等特征,是国家治理体系和治理能力的有机统一的体现。

推进国家治理现代化,既要包括国家治理体系的现代化,也要包括国家治理能力的现代化。只有国家治理体系和国家治理能力有机结合、共同完善,才能解决事关党和国家长治久安的治理能力现代化问题,因此,引入“国家治理生态”的概念非常必要,它充分体现了将国家治理体系和国家治理能力视为有机整体的重要性和必要性。国家治理体系和国家治理能力的有机统一的治理生态图如图 2-1 所示。

“国家能力”是指国家将自己的意志、目标转化为现实的能力。在新时代探索特色社会主义道路的过程中,重点任务是要平衡好改革、发展、稳定之间的关系。邓小平同志深刻指出:“我们评价一个国家的政治体制、政治结构和政策是否正确,关键看三条:第一是看国家的政局是否稳定;第二是看能否增进人民的团结,改善人民的生活;第三是看生产力能否得到持续发展。”[1]这正是我们重点研究的国家治理能力:发展能力、改革能力和稳定能力。党中央在十八届三中全会上研究全面深化改革问题并做出总体部署。习近平总书记强调,我们必须处理好改革、发展、稳定三者之间的关系,以更大的政治勇气和智慧,进一步解放思想、解放和发展社会生产力、增强社会创新活力。国家治理能力也需要平衡好改革能力、发展能力和稳定能力之间的关系。

---

1 邓小平文选第三卷《怎样评价一个国家的政治体制》。

国家发展能力包括驾驭社会主义市场经济的能力，发展社会主义民主政治、先进文化、生态文明的能力，应对国际复杂形势和处理国际事务的能力。

改革能力是一种执政能力，包括科学执政能力、民主执政能力、依法执政能力等。

在实现现代化国家治理中，维护稳定、和谐的能力包括增强政治定力的能力和预防与处理矛盾纠纷能力两种能力。

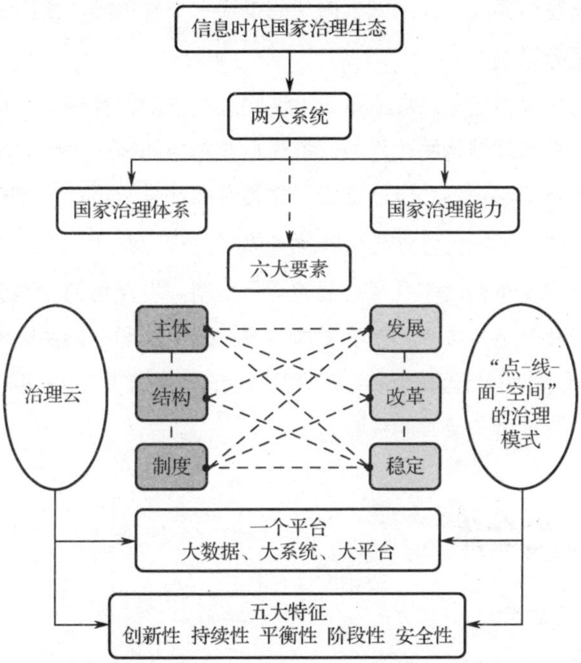

图 2-1　信息化国家治理生态系统图

图片来源：饶玉柱等，《信息化国家治理》。

2．国家治理体系

国家治理体系是指，根据国家治理的需求，由功能上相互联系、相互作用的各种治理子系统构成的、更高层次的整体，它具有整体性、内部组成多样性、多层次性、综合集成性等特点。国家治理体系是建立在一定的历史文化传统和社会经济基础之上的上层建筑，是由政治权力系统、社会组织系统、市场经济系统、宪法法律系统、思想文化系统等构成的一个有机整体。

谁来治理、治理主体之间的关系、以什么为依据进行治理，是国家治理体系需要重点明确的三个问题，分别对应的是治理主体、治理结构和治理机制(制度)。

国家治理体系包括规范行政行为、市场行为和社会行为的一系列制度和程序，政府治理、市场治理和社会治理是现代国家治理体系中三个最重要的次级体系。更进一步说，国家治理体系是一个制度体系，分别包括国家的行政体制、经济体制和社会体制。有效的国家治理涉及三个基本问题：谁治理、如何治理、治理得怎样。这三个问题实际上也就是国家治理体系的三大要素，即治理主体、治理机制和治理效果。现代的国家治理体系是一个有机的、协调的、动态的和整体的制度运行系统。

治理结构主要指的是治理主体在治理网络中的位置及相互之间的关系。在形成现代化国家治理结构的过程中，扮演主要角色的政府逐步向社会放权和授权，给予非政府组织更多的活动空间，充分发挥社会组织自主管理的能力与作用，建设多元共治的社会管理与公共服务体系。

治理机制主要指的是制度及制度的运行机制。现代化的治理机制具有能够正确处理政府和社会的关系、能够发挥政府在国家治理中的主导作用、能够对社会组织科学、分类管理和能够完善基层群众自治制度等特征，以多层次治理、网络化治理、适度性监管等时代特色。

(二) 城市生命体

1. 先期理论研究

城市空间环境演化是一种复杂的人类政治、经济、社会、文化活动在历史发展过程中交织作用的演化，是在特定建设环境条件下，人类各种活动和自然因素相互作用的综合反映。影响城市空间环境演进的主要因素有自然环境因素、社会文化因素、经济与技术因素和政策制度因素等。

城市，尤其大都市区是城市规模发展到一定程度之后，聚集于城市的非农产业活动和城市的其他功能对周围地域的影响力不断增大，使周围一定范围内的地域与中心城市能够保持密切的社会经济联系，从而形成具有一体化倾向的城市功能地域。各种经济要素在中心城市的集聚是大都市区形成的前提，但集聚发展到一定程度后会导致规模不经济的后果。因此，城市必然通过扩散来重新获取规模经济效益，但扩散到一定程度之后又需要走向新的集中。在经历这种集聚、扩散、再集聚的多重反复之后，最终达到城市地域空间组织的优化。

交通对城市发展起着重要的引导作用，如铁路或高速公路的建设对城市的扩张方向及区域之间的连接会产生极大的推动作用。但随着互联网的不断发展，地域逐渐减弱，互联网可以激发任何区域的经济发展：不管是最偏远山区或是最密集市区或两者之间的任何地方。随着新技术，尤其是人工智能、物联网等的发展与应用，城市将会呈现出不同于传统城市发展的新趋势。

随着对城市研究的不断深入，人们开始认识到城市和生命在很多方面都具有相似性，如它们都具有复杂、自组织、主体性等基本特性。各方面的比较奠定了两个概念相连接的基础。借助生物学对于生命现象的解释和研究方法为城市研究提供了一个新的视角，也为新的城市发展理论奠定了一个新的认识基础。

1）有机疏散理论

有机疏散理论（Theory of Organic Decentralization），是芬兰学者伊莱尔·萨里宁（Eliel Saarinen）在 20 世纪初期针对大城市过分膨胀所带来的各种弊病，提出的城市规划中疏导大城市的理念，是城市分散发展理论的一种。他的理论来源是利用对生物和人体的认识来研究城市，认为城市由许多“细胞”组成，细胞之间有间隙，有机体通过不断地细胞繁殖而逐步生长。大城市一边向周围迅速扩散，同时内部有出现了被称之为“瘤”的贫民窟，而且贫民窟也在不断蔓延，这说明城市是一个不断成长和变化的有机体。萨里宁将交通要道视为动脉、静脉；将街区内道路视为毛细血管；将城市的不同功能区视为有机体的不同的器官。[1]

萨里宁在 1943 年出版的著作《城市：它的发展、衰败和未来》（*The City - Its Growth，Its Decay，Its Future*）中对其进行了详细的阐述，并从土地产权、土地价格、城市立法等方面论述了有机疏散理论的必要性和可能性。他以树木生长为例，大树枝从树干上生长出来时就本能地预留空间，以便较小的分枝和细枝将来能够生长。他的理论是把无秩序的集中变为有秩序的分散。

二战之后，西方国家许多大城市纷纷以萨里宁的有机疏散理论为指导，调整城市发展战略，形成了健康、有序的发展模式。其中最著名的是大伦敦规划和大巴黎规划。1945 年完成的大伦敦规划对以伦敦为核心的大都市圈作了通盘

1 全国城市规划执业制度管理委员会，城市规划原理（2011 年版），中国计划出版社，2011 年。

的空间秩序安排，以疏散为目标，在大伦敦都市圈内计划了 10 多个新城镇以接收伦敦市区外溢人口，减少市区压力以利战后重建。而人口得以疏散的关键在于这些新城镇分解了伦敦市区的功能，提供了就业机会。后来，伦敦政府换了多届，但这个规划没有变，建成了一系列的新城。

2）城市体系理论

城市的分散发展和集中发展只是城市发展过程中的不同方面，任何城市的发展都是这两个方面作用的综合，或者说，是分散与集中相互对抗而形成的暂时平衡状态。因此，只有综合地认识城市的分散与集中发展，并将它们视作同一过程的两个方面，考察城市与城市之间、城市与区域之间及将它们作为一个统一体来进行认识，才能真正认识城市发展的实际状况。就宏观整体来看，广大的区域范围内存在着向城市集中的趋势，郊区化发展始终是围绕着城市的周边而展开的；而在实际的发展现实中也可以看到，在郊区的建设中也始终存在着相对集中的倾向。

城市体系的研究，始于帕特里克·盖迪斯（Patrick Geddes）（苏格兰人文主义规划大师，区域综合研究和区域规划的创始人）对城市区域问题的研究。他认为，城市与环境的相互关系，揭示了决定现代城市成长和发展的动力，对城市的规划应当以自然地区为基础。城市的规划应当是城市地区的规划，即城市和乡村应纳入同一个规划的体系之中，使规划包括若干个城市及它们周围所影响的整个地区。此后经芒福德（L. Mumford）等人的不断努力，确立了区域规划的科学概念，并从思想上确立区域城市关系是研究城市问题的逻辑框架。

贝利（B. Berry）等人结合城市功能的相互依赖性的观点、对城市经济行为的分析和中心地理论，逐步形成了城市体系理论。贝利认为，城市应当被看作由相互作用的互相依赖部分组成的实体系统，它们可以在不同的层次上进行研究，而且它们也可以被分成各种子系统，而任何城市环境的最直接和最重要的相互作用关系是由于其相互作用的其他城市所决定的，而这些城市也同样构成了系统。在结合了人文生态学、中心地理论和区位经济学、城市地理学和一般系统论之后形成城市体系的基本概念。

3）城市空间组织理论

区位，是指为某种活动所占据的场所在城市中所处的空间位置。城市是人与各种活动的聚集地，各种活动大多有聚集的现象，占据城市中固定的空间位置，形成区位分布。这些区位（活动场所）加上连接各类活动的交通路线和设施，便形成了城市的空间结构。各种区位理论研究的目的就是为各项城市活动寻找最佳区位，即能够获得最大利益的区位。结合经济规划和经济政策、资本的形成条件、交通通信方式的变化和社会经济发展的各类要素的组合条件与方式，运用现代数学、计算机技术和决策理论等成果的区位理论的研究具有更为宏观、动态和综合性的特征，可以更好地协调各要素之间的相互关系，满足城市生产和生活发展的需要。

1933 年通过的《雅典宪章》确立了现代城市规划的功能分区原则，指出“居住、工作、游玩休憩、交通”四大活动是研究及分析现代城市规划最基本的分类，城市空间组织就是对城市功能进行划分，将城市划分成不同的功能区，然后运用便捷的交通网络将这些功能区联系起来。

在城市发展历史中，从城市土地使用形态出发的空间组织理论主要有三种，分别为同心圆理论、扇形理论、多核心理论。

第一种，同心圆理论（Concentric Zone Theory），由伯吉斯（E. W. Burgess）于 1923 年提出，其城市形态集中紧凑，城市的功能区围绕市中心呈同心圆状。其多出现于平原地形，由于城市多历史悠久，在现代城市的发展过程中，城市各功能区经过不断的发展磨合和迁移，城市自核心向外一圈一圈向外扩展，呈同心圆状，故得名（图 2-2）。典型大城市有成都、芝加哥等。

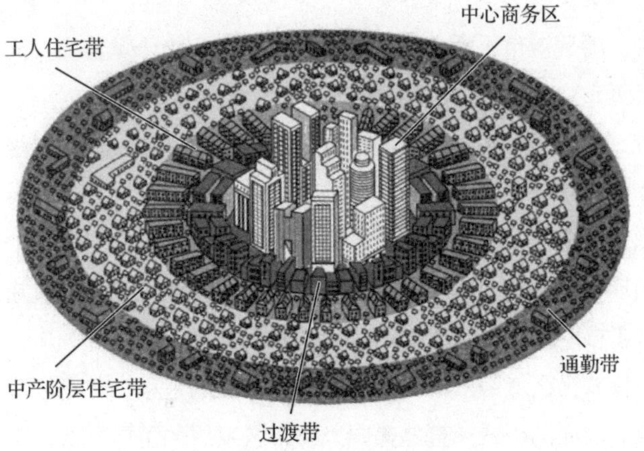

图 2-2　城市发展的同心圆模式示意图

图片来源：互联网。

第二种，扇形理论（Sector Theory），由霍伊特（H. Hoyt）于1939年提出。城市各功能区呈扇形向外扩展（图2-3），拓展的各功能区大多沿交通线延伸，这种类型的城市往往是交通枢纽城市，尤其以铁路枢纽城市为典型代表，如郑州、匹兹堡等。

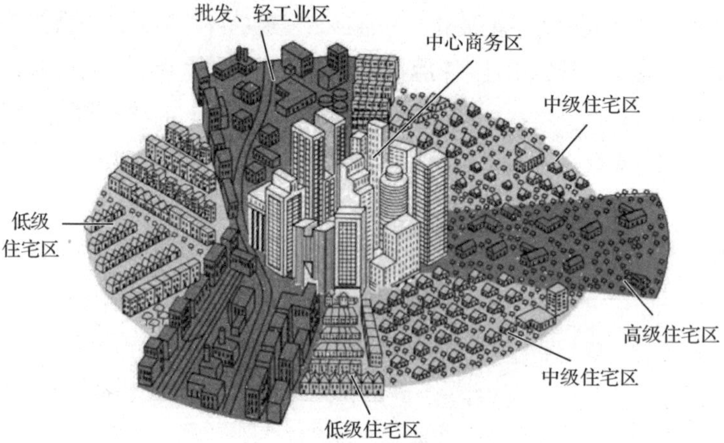

图2-3　城市发展的扇形模式示意图

图片来源：互联网。

第三种，多核心理论（Multiple -nuclei Theory），由哈里斯（C. I. Harris）和乌尔曼（E. L. Ullman）于1945年提出。此类城市并非依托单一核心发展，而是围绕几个核心形成多种功能区，并由它们共同组成城市地域（图2-4）。这往往有以下两种类型：

第一种，随着城市不断向外扩展，原有市中心由于地价高、交通和居住拥挤等，在远离市中心的郊区出现新核心。

第二种，由于一个大型区域内的各个小城区在不断发展的过程中，逐渐形成一个协作的、统一大城市，虽然被冠以一个大城市名称，但城市内部仍保持多核心的形式。多核心模式的典型大城市有武汉（从汉阳、武昌、汉口的武汉三镇发展到现在的武汉七城）、洛杉矶等。由于洛杉矶的知名度及其发展历程过于典型，故多核心模式又被称为洛杉矶模式。

洛杉矶模式是区域经济增长从不均衡到均衡的过程，也是区域经济一体化的必然结果。同心圆模式一直是美国大都市区发展的主导模式，直至20世纪60年代，美国大都市市区的发展呈现出一个新现象，大都市市区内的人口从城市向郊区大规模迁移，即郊区城市化，并且使大都市市区由单核式向多核式结构转变。二战后，随着郊区内上层人口的增加，经济活动的郊区化，使郊区有能力为居民提供各种服务设施，更有效地管理政府，而中心城市由于聚集了少数民族和穷困的人，汇聚了大量的社会问题。因此，郊区对中心城市的兼并活动越来越抵制。郊区居民选择建立自治城市来保证郊区社区的同质性。在这样的背景之下，郊区的自我完善必将引发城市功能部分地向郊区转移，次中心城市由此产生，次中心城市与大都市市区内原有的中心城市一起形成了大都市市区的多中心结构。

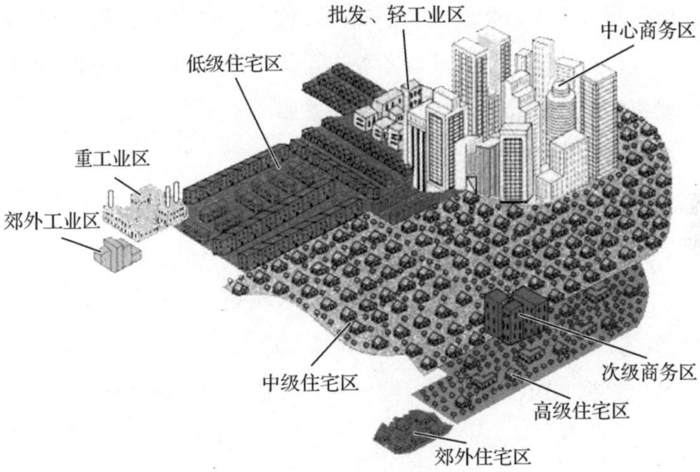

图 2-4　城市发展的多核心模式示意图

图片来源：互联网。

在大都市市区发展初期，中心城市居主导地位，郊区则是城市功能外延的产物，是依赖于城市而存在的。而次中心城市虽在原有郊区的地域内出现，却使郊区基础设施日益完善，对中心城市的依赖性减低，郊区居民可以选择在其居住附近的次中心城市就业、消费、娱乐等，从而大大减少了与中心城市的依赖。于是次中心城市部分地取代了中心城市的功能。

美国学者安斯丁・史密斯对洛杉矶的多中心结构这样描述：洛杉矶有许多次级中心，这些中心的存在表明，大多数城市人不必也不需要依靠市区提供就业、文化、社会活动等高质量的生活。次中心与原有的中心城市构成了大都市区内的复中心结构。这种模式就有助于缓解中心城市在人口、交通、环境、就业、住房等方面的压力，同时充分发挥了各个次中心的相对优势，与中心城市构成互补关系，从而在整体上提高了大都市区经济运行效率。由此可以说，从经济功能上看，次中心城市的作用是郊区无法比拟的。

次中心城市的出现具有重要的经济意义。多中心发展模式疏散了大城市在中心区的高度集中，从根本上解决了大城市的外部经济问题。首先，次中心城市功能的逐渐综合化，减少区域网络运行中的交易费用，服务效率更高，辐射成本更低，辐射范围更广。减少了城市人口的不必要的流动，城市的通勤量大大降低，交通拥挤程度下降，减少了环境污染和能源短缺。其次，中心城市与次中心城市之间的分离，给原有城市群体以更大的发展空间。由于次中心城市聚集了比郊区更多的人口和就业，必然引发城市空间的新一轮拓展。第三，由于各中心具有相对的独立性，从而避免过于集中造成的管理困难，可有效地减少失业、城市犯罪和教育等问题。最后，次中心将改变区域经济网络的结构，增加区域经济网络的增值点，在条件合适时，这些次中心城市有可能成为新的经济辐射源，进一步孵化出新的次中心城市，从而形成一个新经济增长区域。但是，需要指出的是，次中心的出现除了与中心城市在经济上形成互补、互动的关系外，也不可避免地对中心城市的经济功能提出了挑战，二者之间也往往存在着竞争。

从发展历史观的角度看，中心城市的首位性作用可能会被某个后发次中心城市所超越；在城市体系内，首位城市的地位可能在不同的城市之间发生转移，但中心城市的功能不会被大大小小的次中心所取代，网络城市的出现也不会使首位性城市消失。根据最近 20 年的观察，世界城市体系发展的趋势仍是首位城市优先发展，在发达国家，城市增长主要是大都市内的郊区城市化，在发展中国家，首位城市和超大城市仍是人口的主要聚集地。

以上三种理论具有较为普遍的适用性，但很显然它们并不能用来全面地解释所有城市的土地使用和空间状况，最合理的说法是没有哪种单一模式能很好地适用于所有城市，但以上三种模式能够或多或少地在不同的程度上适用于不同的地区，后续的理论都没有超出这个三个理论的范围。

4）城市意象理论

凯文·林奇（Kevin Lynch）在城市意象的研究中指出，人在城市中的感受及在对这些物质空间感知基础上的组合关系，即意象（Image）引导着人采取相应的空间行动。在这样的意义上，城市空间就不再仅仅是容纳人类活动的容器，而是一种与人的行为联系在一起的场所。他提出构成城市意象的五项基本要素是：道路（Path）、边界（Edge）、区域（District）、节点（Node）、地标（Landmark）。这五项要素建构起对城市空间整体的认知，当这些要素相互交织、重叠，它们就构成了城市空间的认知地图或称心理地图，城市沙盘就是这种认知地图的呈现（图 2-5）。认知地图是观察者在头脑中形成的城市意象的一种图面表现，并随人们对城市的认识的扩展、深化而扩大。行为者就是根据这样的认知地图而对城市空间进行定位，并依据对该认知地图的判断而采取行动。因此，在城市空间的组织中，就需要通过对构成城市意象的各项要素的运用，强化它们的可识别性，清晰化各要素之间的相互关系，赋予它们空间和文化的意义，传递有效的信息，进而引导人们的行为。

图 2-5　麻省理工学院城市科学实验室的城市沙盘[1]

道路（Path），是人们运动的轨迹，可以是街道、步道、运输线、河道或铁路等。人们沿着道路运动，同时观察城市，并靠这些道路把其余的环境因素组织、联系起来。

边界（Edge），是一种线性元素。它并不像道路一样，被人们使用或关注，而是两个片段之间的界线，例如，海滨、铁道断口、城市发展的边缘、墙体等。这些边界元素也许不具备道路那样的主导地位，但对于许多人来说，它们却是组织过程中，尤其是在把缺乏个性的地区归拢到一起时，非常重要的特色元素，譬如城市轮廓线上的水体或墙体。边界是不被人们当作道路的线性元素，它们通常是两种区域的分界线。它们扮演着侧面附注的角色。无论是铁路的、地形

1 © Ariel Noyman, City Science group, MIT Media Lab。

的、高速公路的边界，还是地区间的分界线，对这个环境都是具有代表性的元素。边界往往也是道路，通常被表述为强调了界线性质的道路，像道路一样，边界也可以有指向性。

区域(District)，是尺度相对较大的城市地区，通常都具有某些共同的特征。地区中决定性的物质特征是一些连续的主题，这可以包括各种变化无穷的组成成分——铺地、空间形式、细节、标志、建筑类型、功能、活动、居民、养护的状况、地形，等等。

节点（Node），就是标识点，是城市中人们所能进入的重要战略点，是旅途中抵达与出发的聚焦点。节点也可以只是简单的汇聚点，比如街角空间或是围合的广场。也有些中心节点是一个地区辐射影响力的焦点，并作为整个地区的缩影，成为一种象征标志，也可以把它们叫作“核心”。虽然从概念上说，节点只是城市印象中的一些小点，现实中它们却可以是巨大的广场，或是以某种方式扩展了的形状，当我们从多尺度上考察城市时，甚至整个中心区都可以被看作节点。毫不夸张地说，如果我们构想的环境是在全国或是国际层面时，很可能城市本身就成了一个节点。

地标（Landmark），地标是另一种类型的参照点，人们身处它们外部，而并不进入其中。它们通常是一些简单定义的实物：建筑、标识牌、商店或山峰。这些标识物被反反复复地用于识辨，最后用来构建人们的城市印象。而随着人们对城市越来越熟悉，他们对这些标识物的依赖也与日俱增。

一个特定物质实体的印象类型，偶尔也会随着观察背景的不同而发生转变。于是，一条快速路对一位司机而言可能是条道路，但一位步行者却可能把它当作边界。又比如，当我们在中关尺度上组织城市时，一个中心地带可以看作区域，但在整个大都市区尺度上，它就成了一个节点。

以上逐个介绍的意象元素类型，没有一个在现实中是独立存在的。地区靠节点形成构架，靠边界限定空间，地区里纵横穿越的是道路，星罗棋布的是地标，各种元素有规则地重叠、互补。

5）新城市科学学派

20世纪80年代以来，在自然科学及社会科学中一直盛行的复杂运动泛指利用复杂、非线性及非均衡系统相对于简单、线性及均衡系统所进行的观念革新。与新城市科学相关的复杂科学学派包括：以美国圣塔菲研究所为代表的复杂科学学派，以美国城市及区域规划专家路易斯·霍普金斯为首的伊利诺规划学派，以及以迈克尔·巴蒂为代表的城市科学学派。

迈克尔·巴蒂（Michael Batty）在《新城市科学》一书中提出，理解城市的关键是拆解城市的物理形态，揭示使其在各个层面运行的网络。我们绝不能将城市简单地理解为空间中的场所，而应当理解为网络（network）和流（flow）组成的系统。网络指组成城市系统各要素之间的联系，流代表着区位之间联系的强度。巴蒂认为，要理解空间，我们必须理解流，要理解流，我们必须理解网络。巴蒂还借鉴复杂性科学、社会物理学、城市经济学、交通理论、区域科学以及城市地理学的相关研究，提出了揭示城市运行的深层结构的理论和方法。

城市中发生的各种进程将人们集聚在一起，生产并交换物品和想法，并形成了众多网络，人们通过这些网络传递物质和信息来支持各种进程的发生。物质网络和社会网络趋向于在发展过程中相互促进和补充。

区位可以概括城市活动的状况，但不能反映人群之间的关系和相互作用，而这些关系和相互作用才是城市生活的基本原理。从简单地将城市理解为理想化的形态，转向将城市视为通信、相互作用、交易和交换等各种模式的集合。或者简而言之，将城市理解为网络。

流，即区位之间的相互作用的强烈程度；时间动力学，即事物的变化方式；规模和尺度，亦即事物的大小变化。新城市科学首先从动力、产生、模式、过程、流和相互作用的角度来详细描述复杂性，然后介绍数个规模变化定律，这些定律可用于解释城市在规模变化时发生怎样的质变。

2. 基于“点–网–流”构建的城市生命体

城市是一个复杂而有机运转的整体，它像人体一样有经络、脉搏、肌理。是由土地、人、交通、建筑、能源、信息、资源等多要素组成的，具有在时间和空间上的生长消亡和自我更新的演化过程，并能进行自我调控。城市具有生命特征，意味着承认城市具有“活体”的特征。这并不是指生理意义上，即生物自然属性的存在，而意味着生命的内在规律以及价值观、精神、文化意识方面的存在。城市的发展、突变和更新、衰退、进化四种空间现象均可以从生命特征的视角进行理解。

智能城市，是人机环境协调共进、永续发展的开放复杂巨系统，其人口密度更大，流通性更强，对外依存度更高；立体化、垂直化特征更加突出，脆弱性凸显；智能型更强，复杂网络信息体系的安全风险凸显；这些特征都决定了智慧城市的特殊性。作为人类的主要聚集地，城市在不断地进化升级，城市也会更加与人类融为一体，更好地服务人类的生产、生活乃至战争，“智能城市生命体”的概念正是我们探究智能城市的重要成果。

对于城市生命体，我们将其划分为十个系统，即决策意志系统、智能信息系统、能源系统、水资源系统、交通及基础设施系统、大气环境系统、生产系统、生活系统、安防救护系统、军事防护系统（见图 2-6，该图以达·芬奇人体比例图和北京市旧皇城图结合，充分展现城市生命体的概念）。

每个子系统都包含节点（node）、网络（network）、流（flow）三大要素。节点是系统中的关键节点设施及构筑物，网络是系统中联系各个节点的网络设施，流是系统中在节点和网络之间流动的资源要素。

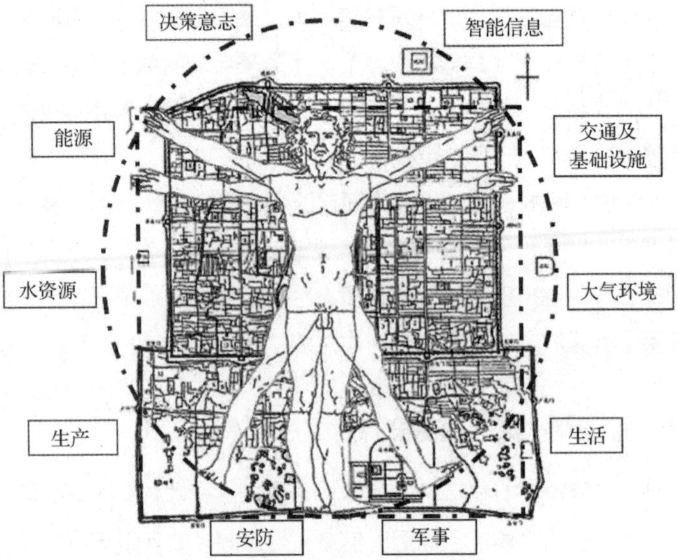

图 2-6　城市智能生命体示意图

1841 年，德国地理学家约翰科尔（Johann Kohl）在一篇讨论城市功能与结构的著作中提出城市功能是由跨越空间的活动流联系在一起的。流与网络是一对双重概念，互为一枚硬币的正反两面（Lambiotte et al.，2011）。

节点的规模分布遵从一定的规模变化定律，由于模型的通用性，节点可以是区位（城市）、城市的部分、一群个体或机构等。简而言之，以连接来判定规模扩张的节点的频率根据幂次定律不断缩小，即有很多的小节点和为数不多的大节点。这是这门新科学的一个基本特征，因为这反映了竞争决定规模的方式以及资源寻求具有竞争力环境的方式。这点不仅适用于网络，也适用于城市规模以及城市中不同区位的规划分布，其呈现符合齐普夫定律。

城市空间在社会网络中是隐性存在的，空间塑造了城市及城市中的人和团队相互进行交易、交换、交友、实施决策以及管理等。城市依靠象征流的运输线的树枝结构发展起来，并通过这些枝状结构延伸至遥远的地区，形成城市生命体的网络。城市中的网络如何存在与我们之前提到的分形模型相关，包括那些特征性的物理印迹形成的通道，人和物通过这些通道移动。这些网络中的流，同样取决于区位的规模，但这些流往往会受到距离的遏制、效果影响，这被称为距离阻力。

在城市中，流反映了能量和信息如何被分配以维持城市肌理的运作。流更多是关于过程的，其运行跨越空间和时间标度，能够显现出驱动城市短期运行和长期转型的变化动态。网络首先是一种物理容器，其容量对能量流、信息流有限定作用，网络虽然以物资、人、思想等形式物质性地存在于实体的欧几里得空间，但往往隐藏于我们所能直接感知的互联网或信息空间背后。网络可能为线、面、体的几何形状所制约，但对于社会网络来说并没有这些边界。

迄今为止，流和网络理论的任何融合都是通过将流表达为图纸上曲线的数值来实现的。基于多种多样的空间数据生产出了大量流向地图，流的数值叠加描绘了位置所发生的各类有关事件：流是位置所发生的一切的总和与结合，或者说合成，简而言之可以是相加，但深入而言“整体可能并不等于部分的总和”。流意味着力量，其累加或结合产生了势能，并与发生位置推移的具体对象有关。这构成了空间交互模型的基础，也是我们在这里所使用的范式。按照网络的逻辑，枢纽或节点的强度至少在物理或者拓扑层面等同于一个简单的连接功能。

城市实际上反映了流的格局所蕴含的压力，拉动人、物质、信息进入核心（中心化），以对称方式将同样的活动向外推至边缘（去中心化）。流的势能可用图论中的入度（in-degree）和出度（out-degree）描述，一个顶点的入度是指与其关联的各边之中，以其为终点的边数；出度则是相对的概念，指以该顶点为起点的边数。入度或出度可以很好地测度节点的到达情况，但入度和出度只考虑了直接连接，不同于对流势能的测度，没有反映任何大于直接相邻节点的距离。将流分配到所流动的路线需要经过系统化地变形或抽象过程，以明辨其间复杂的相互关系。

3. 城市生命体的脆弱性

近年来城市问题不断涌现，其中有一些是人为造成的，有一些是自然恶劣条件引发的，而更多的是由于城市自身结构的潜在问题所导致的，从以下案例我们可以见一斑。

2017 年 8 月 15 日，台北中油公司员工一个疏忽“无意”关了天然气阀门，造成瞬间断气，持续 2 分钟，进而导致大潭电厂六部发电机组同时跳闸，引发了台北大规模停电（图 2-7）。经过 5 小时才得到恢复，在这个过程中，668 万户居民受到影响，台北 101 大楼大量的工作人员滞留，甚至有一对母子因为蜡烛失火造成 1 死 1 伤。

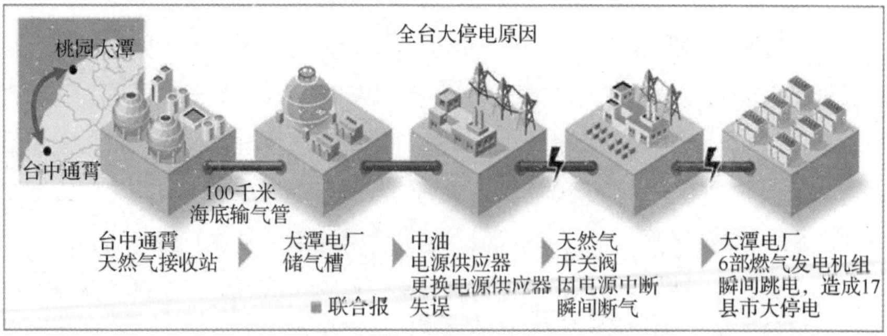

图 2-7　台北停电反映出城市存在真实的脆弱节点

资料来源：大潭电厂 制图/吕筱蝉

大城市普遍面临着交通拥堵的严重困扰，甚至引发连锁效应，造成大范围交通拥堵，城市局部瘫痪等情况。例如 2010 年 8 月，在北京城外的京藏高速公路上，出现了长达 100 千米、持续多天的大堵车，严重影响了城市的正常运行。

现有城市系统的脆弱性也越发突出，主要表现在以下几个方面：

（1）人口集中，资源稀缺且唯一；

（2）城市各系统大多以链式结构为主，节点唯一且脆弱；

（3）系统交错，少层次且无构架；

（4）缺失动态重组能力，缺失自我恢复能力等特征。

脆弱的城市功能体系如图 2-8 所示。

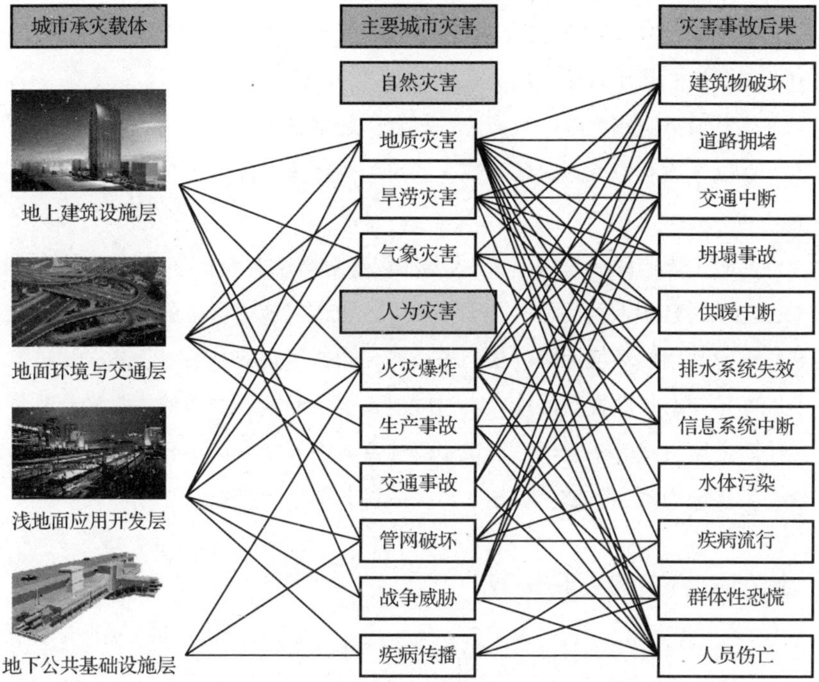

图 2-8　脆弱的城市功能体系

目前对于城市脆弱性的研究，主要体现在对城市发展水平的一种综合度量，是指在自然因素和人为因素的共同作用下，城市发展过程中的人口增长、经济发展、资源利用、环境污染、生态破坏等，超过了现有社会经济和科学技术水平所能维持城市长期发展的能力。过度的人类活动或不恰当的人类活动及不合理的经济发展方式等都会导致城市生命体系统发展改变，达到脆弱点时，脆弱性就在某些地方出现，整个城市生命体就进入脆弱性状态。

除此之外，城市的脆弱性还具有以下五个特点。

（1）隐蔽性：城市的脆弱性往往易被人忽视，灾害时常发生在看起来极其平凡的地方，却成为被攻击的突破口。

（2）偶发性：城市系统的崩塌往往是没有预期的，由于一个微小的失误，或是某一个节点的偶然破坏就可以发生。

（3）时效性：城市脆弱性体现在自然或是人为的灾害，往往是瞬间发生、在极短的时间内蔓延，造成巨大的影响，但是却需要较长的一个过程才能得到恢复。

（4）连锁反应：节点性的破坏往往会关联多个系统，最终造成系统性的损伤。

（5）影响巨大：城市的脆弱性造成当其受到人为或自然灾害影响的时候，极有可能会产生超出预期的后果。

因此，城市脆弱性是一种概念的集合：包括在自然和人为的威胁与破坏条件下，暴露于不利影响或是遭受伤害的可能性、承受能力、损伤程度以及恢复能力。

目前对于城市脆弱性的研究，主要体现在对城市发展水平的一种综合度量，是指在自然因素和人为因素的共同作用下，城市发展过程中的人口增长、经济发展、资源利用、环境污染、生态破坏等，超过了现有社会经济和科学技术水平所能维持城市长期发展的能力。过度的人类活动或不恰当的人类活动及不合理的经济发展方式等都会导致城市生命体系统发展改变，达到脆弱点时，脆弱性就在某些地方出现，整个城市生命体就进入脆弱性状态。

4. 城市生命体的级联失效

从生命体理论的角度出发，城市生命体十大系统均包含节点、网络、流等三大要素，各个子系统相互交融、相互影响，支撑着城市整体正常运行。由于每个子系统存在自身的脆弱性，而子系统之间的交互关系错综复杂，一个子系统失效会影响相关系统产生级联失效反应，从而影响整个城市功能运转，因此城市的脆弱性是真实存在的。

级联失效，指的是由于城市生命体各子系统的内在关联性，一个系统的节点或网络受到攻击后，会发生一系列的连锁反应：首先，自身系统内部发生断裂反应，其次，随着时间的推移及该系统对其他系统的影响强度与影响范围的不同，其他相关系统也发生不同程度的失效反应。以上过程被称为级联失效。

级联失效集中体现智能城市生命体内失能治理的复杂性和关联性，其主要过程为“节点失能-网络失能-流失能-子系统失能-城市生命体失能”，这种级联性是城市快速高效运转的关键因素，但也是城市失能的基础所在。

城市智能生命体中的级联失效的主要分类有流级联失效和功能级联失效。流级联失效是指四种流在级联过程中运行不畅而产生的城市功能失效，功能级联失效则强调各个子系统众多功能之间的相互影响而产生的城市功能失效。两者的区别在于流级联失效更多地体现城市生命体收到攻击后实际的失效过程，功能级联失效更多的是城市攻防双方对城市各类功能、各级功能之间逻辑关联关系的理解判断。二者关系密切，难以清晰分割。

下面以能源系统为例，分析级联失效（流级联失效为主）过程：

（1）点失能：主力发电厂由于某种因素非停（非正常停机）；

（2）网失能：电网过负荷解列；

（3）流失能：整个电网电流震荡，城区大面积停电；

（4）子系统失能、网际失能：电网导致其他子系统失能。例如：生产系统的大型工厂断电，化工、冶炼的工厂非正常停产，发生爆炸等事故；交通基础设施系统断电，大型交通设备（地铁等）停止运行，交通信号系统失效；安防系统的医院停电；生活系统的商场、学校等停电等；

（5）城市生命体失能。城市全面混乱，不能够给城市内的人群提供基本的衣食住行和生产、军事等活动的基础，民众、组织、政府和军队等主体开始撤离城市。

如图 2-9 所示，城市生命体能源子系统的节点——主要电厂被破坏以后，与之相关的系统以及系统的点、网、流等要素会发生一系列连锁反应，进而影响到整个城市生命体的运转。因此在攻防对抗中对城市生命体分析系统内部及系统之间的级联失效尤其重要，可以提前发现城市脆弱点，进行有效防御。

决策意志系统是城市人民群众思想、意愿的体现，是城市行政部门和意见领袖决策意志的体现，亦是各大媒体的信息出口，影响着城市各系统的运行及决策，同时首脑意志影响着城市应急指挥、安全救护、军事武装等方面的指挥调度。

智能信息系统为城市提供全面的动态实时感知，为各大系统提供调节和控制的能力，会对决策意志系统、交通基础设施系统等产生直接的影响；同时，随着信息技术不断渗透到城市的方方面面，智能信息系统的影响将不断扩大，会对能源系统、水资源系统、安防救护系统、生活系统等城市生命体各子系统产生影响。

能源系统为城市生命体提供能源的输出。能源，尤其是电能，作为城市正常运转的基础，对城市生命体其他系统都会产生重要影响。因此，能源系统是城市生命体的重要系统之一，也是最易被攻击的目标之一。随着城市的不断发展与进步，城市的能源系统也在不断地变化与更新，从传统的集中式能源供应转向集中与分布式相结合的方式。城市的能源系统将更多地依赖于分布式组团供应的方式，从而大大提升城市生命体的抗打击能力。

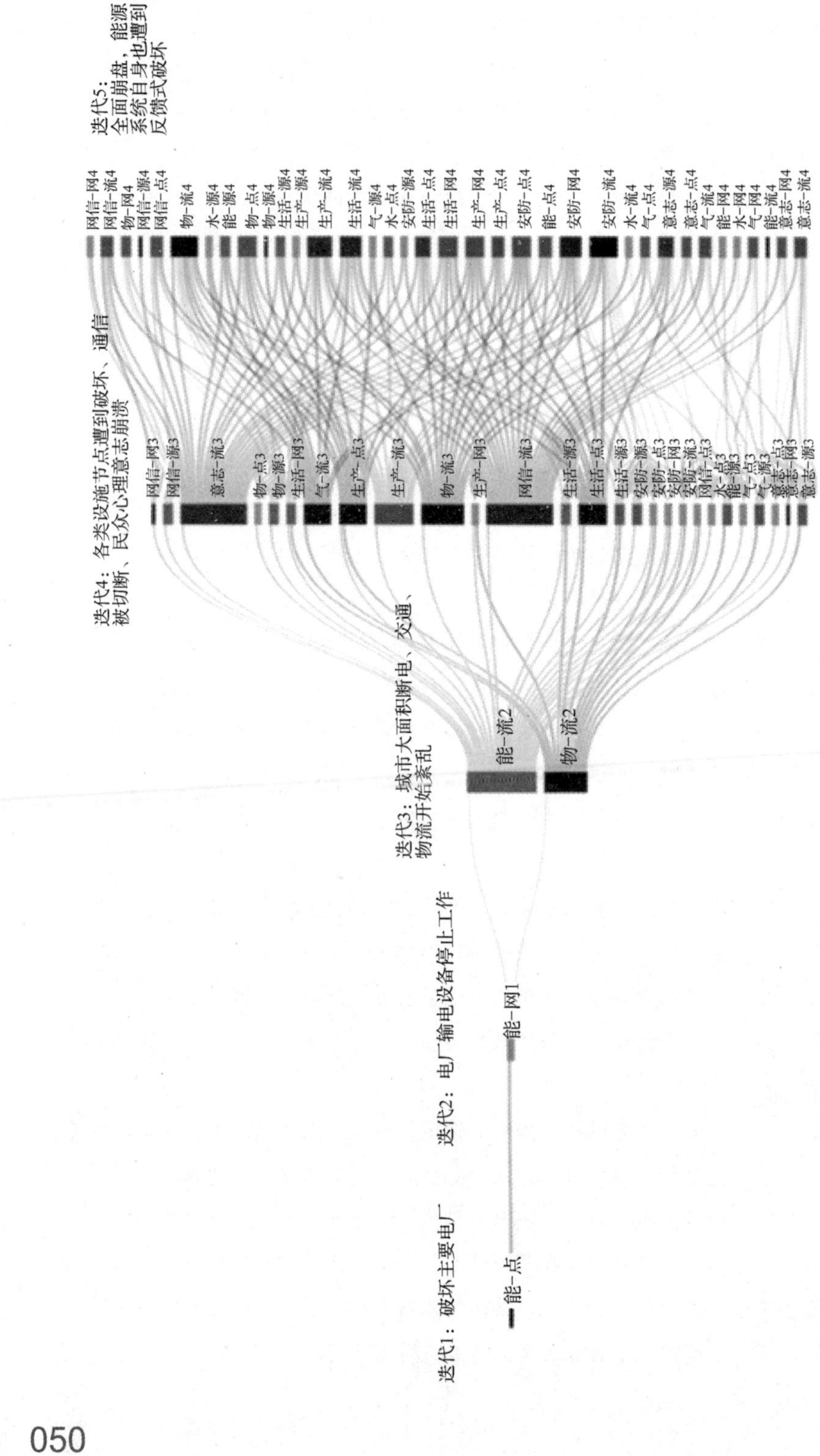

图 2-9 模拟城市生命体在攻防对抗中的级联失效过程

水是生命之源，水资源系统为城市生命体提供水资源以保障城市的运转。水资源系统的运转情况会直接影响着意志决策系统，也会对能源系统、生产系统、生活系统、安防救护系统等产生影响，从而影响整个城市生命体的正常运转。

交通基础设施系统的物质构成为城市人、物的正常运转提供有力支撑，其节、网、流三要素是否正常运转会对决策意志系统、安防救护系统、水资源系统等产生影响。

大气环境系统是城市与自然环境进行物质交换的载体，大气环境的优良情况影响着城市主体（人）的健康，对决策意志系统、能源系统、水资源系统等方面产生影响。

生产系统是城市生命体各系统运转情况的重要体现，会对决策意志系统、能源系统等方面会造成影响。

生活系统为城市提供容纳人、物的功能，公共服务设施的水平会对决策意志系统产生影响。

安防救护系统主要包括城市安防、消防、医疗等系统，主要为城市及居民提供安全保障、救护的能力，会直接影响决策意志系统，同时，也会对交通基础设施系统等方面产生影响。

军事防护系统对其他子系统的影响是全方位的，一旦没有军事防护系统的保护，其他子系统的承受损伤能力将大为降低。

5. 城市生命体的弹性恢复

适应弹性是指系统具备保证实现各项功能和任务成功的能力，即使在敌对行动或是不利条件下也能保证任务完成。这种功能性的任务保证必须覆盖所有可预期的场景、环境及威胁/打击。适应弹性关注如何保持、加强和保护各项系统能力。按从顶层到低层的角度，可以将适应弹性分为系统级、任务级、功能级等层级，这种分级方式既可针对不同领域的系统，也可针对同一个领域的系统功能。

显然，城市生命体是个复杂的开放巨系统，非常适合使用该理论去衡量其面对威胁/打击的时候的受损及恢复情况。对城市系统适应弹性的关注点为：在包括敌对行动和不利条件在内的各类威胁/打击下，保证一个城市生命体在日常运行、军事威胁/打击等方面的任务执行能力维持在一个必要的水平之上。对于城市的易损性，关注点则恰恰相反，可以说，尽量降低城市系统的适应弹性就是实现城市的易损性。

按照时间顺序，一个城市生命体在遇到威胁/打击后一般会经历四个过程，即在外界威胁/打击下正常工作；子系统部分性能丧失；主要功能丧失（城市生命体崩溃）及城市生命体恢复正常。适应弹性通常可分为避免性、健壮性、恢复性和重建性。适应弹性以及其四个属性随时间的演变过程如图 2-10 和图 2-11 所示。

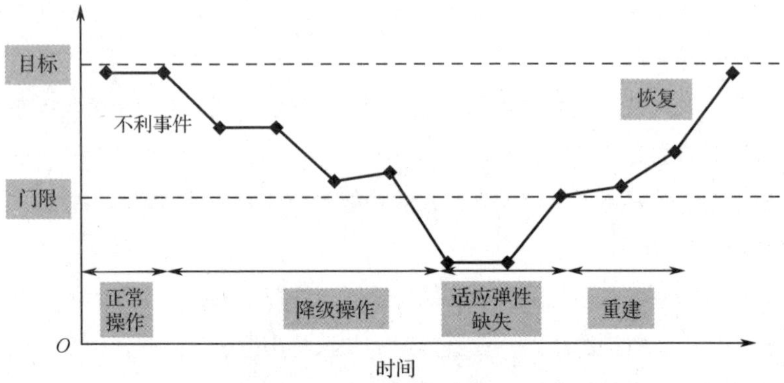

图 2-10　适应弹性的演变过程

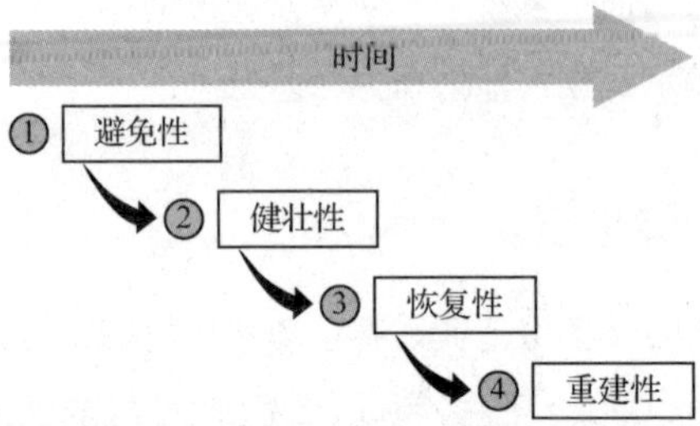

图 2-11　适应弹性属性的时序关系

避免性：针对潜在对手的反制措施，采用主动的或对抗性的防御措施来减少敌对行为或不利条件发生的可能性和后果。该项能力主要在威胁/打击事件发生之前发挥作用。

健壮性：是增强生存性、抵制功能降级的系统属性和系统设计特征。该项能力主要适用于威胁/打击事件发生之后，出现部分系统性能丧失，并一直持续到主要功能丧失为止。

恢复性：在一个特定任务、操作或意外事故发生的情况下，进行规划和操作以弥补丧失的功能，从而使系统能力能够达到一个可以接受的水平。该项能力主要发生在子系统主要功能丧失之后，由于各种原因，城市生命体能力开始恢复，一直持续到该子系统的主要功能甚至全部功能恢复正常为止。

重建性：在面对全部任务、操作或意外事故情况下，开展项目执行和空间支持操作来重建整个系统的能力。该项能力主要发生于子系统的主要功能开始恢复直至城市生命体全部能力恢复正常的这段时间内。

要保持和增强系统的适应弹性，可从以上四个部分分别着力或着重从某一部分着力，若一个部分能够做到完美，就可以保证整个城市生命体的适应弹性趋于完美。这里所说的适应弹性的完美是在限定时间内实现的。而以上的划分方式将适应弹性对应的限定时间分为了四段，任意一段只要做到完美就可以使子系统保持或立即恢复正常状态。在图 2-12 中介绍了保持和增强城市生命体适应弹性的典型做法。

避免性	健壮性	恢复性	重建性
•反制措施 •威慑 •流动 •可操作 •隐蔽	•主动备份 •更多容量 •超额保证金 •更高的损伤门限 •操作运行能力	•被动备份 •维修 •重设/重启动 •自我修复 •威胁消除 •反制措施	•取代 •重建

图 2-12　保持适应弹性的方法

1）系统适应弹性的评估过程

由前文的分析可知，威胁/打击与适应弹性息息相关，针对一个城市生命体适应弹性的评估必须从具体的威胁/打击场景开始。评估过程如下：

（1）首先确定一个系统处于稳定工作状态，它已具备了避免相关威胁/打击的能力，这体现在对威胁/打击的预测分析、探测识别上，一旦遇到不利事件就启动威胁/打击避免措施。如果成功，就可以保持稳定工作状态（适应弹性保持）。

（2）如果避免威胁/打击失败，但系统能力并没有失效，仍然可以稳定工作到任务结束，则可以认为系统具有完美的健壮性；若是仅仅系统部分能力失效，但仍然可以保持主要功能并工作到任务结束，可以认为该城市生命体只是处于功能降级状态，并没有危及主要功能的发挥，此时该城市生命体仍可以正常工作（适应弹性保持）。

（3）如果子系统功能降级后，继续丧失功能，直至城市生命体主要功能失效，则可认为此时系统的适应弹性缺失（不能正常工作）。

（4）在子系统的适应弹性缺失后，采取措施致使城市生命体的主要功能甚至全部功能恢复，则可认定此时城市生命体的适应弹性得到恢复（返回稳定工作状态），具体评估过程如图 2-13 所示。

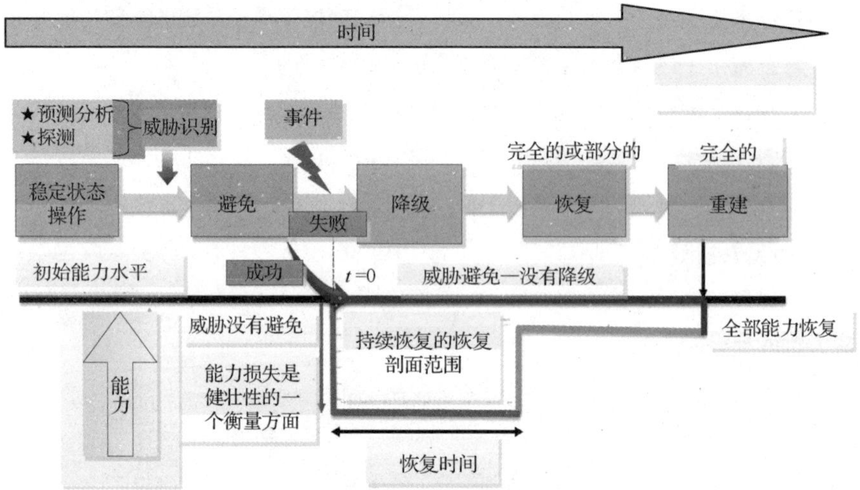

图 2-13 适应弹性的评估过程

2）适应弹性计算公式

根据上文中对适应弹性测评过程的分析，可以得到适应弹性的计算公式。即：

$$R=R_{AV}+(1-R_{AV})R_{RO}+(1-R_{AV})(1-R_{RO})R_{RV}+(1-R_{AV})(1-R_{RO})(1-R_{RV})R_{RC} \quad ①$$

公式①中各参数说明如下：

***R*（Resilience）**：适应弹性，是系统/城市生命体面对威胁/打击的适应概率。该值可以定量表现系统/城市生命体面对威胁/打击全过程的适应能力。适应弹性是四个属性的函数。

R_{AV}（Avoidance）：避免性的概率，它是针对威胁/打击被完全避免的可能性量度。

R_{RO}（Robustness）：健壮性的概率，体现了系统/城市生命体能力保存的能力，它是对为避免系统失效而保留必要系统能力的量度。

R_{RV}（Recovery）：恢复性的概率，体现了系统/城市生命体恢复能力以及恢复时间，它是针对失效能力能够被恢复的程度及特定任务恢复时间的量度。

R_{RC}（**Reconstitution**）：重建性的概率，体现了系统/城市生命体在面临外界威胁/打击时的应对能力，重建遭到破坏后的系统/城市生命体的主要能力保证系统稳定运行。

从等式①中可以得到，R_{AV}，R_{RO}，R_{RV}，R_{RC} 只要有一项等于 1，就可以使 R 的值为 1。

等式的对称性进一步表明：为了得到系统的适应弹性，可以使用多个方法，且每个方法都有同样的影响。这为提高系统/城市生命体的适应弹性提供了理论支持，我们可以根据不同情况，重点提升适应弹性中的一个属性，使其达到完美状态，这样就可以使适应弹性达到完美状态，也可以提升适应弹性中的各个属性，使系统具有较好的综合适应弹性。

根据实际威胁/打击情形的不同，以下将逐步介绍单个威胁/打击、多个不相关威胁/打击、多个相关威胁/打击、全部威胁/打击场景下适应弹性的计算公式和系统/城市生命体的计算案例，处理保持城市群/卫星城市/城市郊区/城市子系统等城市系统适应弹性的关键方法。

3）单个威胁/打击情况下适应弹性计算案例

对于某一城市生命体系统，假定其对某种威胁/打击具有以下能力（尤其指出，以下概率的数值可以由城市十大系统的节点和网络等构成要素遭受的威胁/打击来确定）：

避免性概率 R_{AV}：可以避免 60%的威胁/打击，即 $R_{AV}=0.6$；

健壮性概率 R_{RO}：如果威胁/打击没有避免，系统将保留 50%的能力，即 $R_{RO}=0.5$；

恢复性概率 R_{RV}：在一个可以接受的期限内，失效的城市子系统能力中有 25%能够被恢复，即 $R_{RV}=0.25$；

重建性概率 R_{RC}：只能通过采取某一项举措才能恢复全部能力，将会花费相当多的时间，可设该能力的重建性为 10%，$R_{RC}=0.1$；

此时该城市系统面对该威胁/打击下的适应弹性为：

$$R=0.6+(1-0.6)\times0.5+(1-0.6)(1-0.5)\times0.25+(1-0.6)(1-0.5)(1-0.25)\times0.1=0.865$$

该适应弹性数值表示，在威胁/打击情况下，能够用概率数值定量表示保持系统/城市生命体功能正常的预期值。

4）多个不相关威胁/打击情况下，系统适应弹性计算案例

在一个系统/城市生命体面对不同类别、不相关威胁/打击的情况下，可以分别计算不同威胁/打击造成的适应弹性数值，对各个适应弹性数值进行比较，最小值对应的威胁/打击即为系统/城市生命体的关键性威胁/打击。

表 2-1 以各种不相关威胁/打击同时作用于某系统/城市生命体的案例，给出了最小适应弹性。系统/城市生命体的关键性威胁/打击指的是单个威胁/打击就可以导致最大系统性能的损失。上表灰色框对应的威胁/打击导致系统/城市生命体适应弹性最小，为 0.8。因此，此时要增加该系统的适应弹性就必须从改善系统/城市生命体对“物理攻击”威胁/打击的各项因素角度出发，只要实现该项的任何子项（避免性概率 R_{AV}，健壮性概率 R_{RO}，恢复性概率 R_{RV}，重建性概率 R_{RC}）为 1，就可迅速提高整个城市生命体的适应弹性。

表 2-1　关键性威胁/打击对应的适应弹性计算案例

威胁/打击		避免性	健壮性	恢复性	重建性	适应弹性
交通及基础设施系统	人为干扰	0	0.45	0.75	0.1	0.87625
	远程爆炸	0	0.85	0.93	0.1	0.99055
	交通事故	0	0.98	1	0.1	1
	直接攻击	1	1	1	0.1	1
决策意志系统	赛博攻击	1	0.84	0.7	0.7	1
	游行示威	0	0.82	0.65	0.7	0.981
安防救护系统	物理攻击	0	0.75	0	0.2	0.8

5）多个相关联威胁/打击情况下系统的累积适应弹性分析案例

对于包括多个、相关威胁/打击的威胁/打击场景，需要对整个系统/城市生命体的适应弹性进行计算。在整个城市生命体能力上，每个额外威胁/打击都可能产生累积作用，从而导致城市生命体功能的减少。必须要仔细评估系统面临每个威胁/打击时的健壮性，并防止重复计算的发生。

此时计算系统累积适应弹性的步骤如下：

（1）按照公式①计算出各个单威胁/打击下的适应弹性 R_n（$n=1, 2, \cdots, N$）；

（2）按照公式②计算出系统的累积适应弹性：

$$R_s = R_1 -- \sum_{n=1}^{N}(1-R_n) \qquad ②$$

公式②中各参数的说明如下：

- N：威胁/打击的总数；
- R_s：累积的系统适应弹性（N 个威胁/打击）；
- R_1：第 1 个威胁/打击的适应弹性；
- R_n：第 n 个威胁/打击的适应弹性。

表 2-2 是三种相关威胁/打击同时作用于某城市生命体交通及基础设施系统、决策意志系统、安防救护系统的案例，给出了来自城市生命体的三个威胁/打击共同作用下的累积适应 R_s。R_s 是以上三个威胁/打击下系统的最终适应弹性计算结果，在全生命体的计算中，只要使用 R_s 就可以描述这三个相关威胁/打击对城市生命体的总体影响了。

表 2-2 多个相关联威胁/打击情况对应的累积适应弹性案例

威胁/打击		避免性	健壮性	恢复性	重建性	R_n	R_s
交通及基础设施系统	人为干扰	0.1	0.25	0.9	0	0.9325	0.825
决策意志系统	游行示威	0.5	0.8	0.75	0.3	0.9825	
安防救护系统	物理攻击	0	0	0.9	0.1	0.91	

6）全部已知发生概率并且不相关威胁/打击情况下，全系统累积适应弹性分析案例

若能够运用统计等方法，得知城市生命体的全部威胁/打击（各个威胁/打击为独立事件）及各个威胁/打击场景的发生概率，则可以根据各个威胁/打击场景发生的概率，对城市生命体的累积适应弹性进行计算。该方法只是概率性的，可以通过为所有威胁/打击场景的适应弹性创造一个“期望值”来实现对多个威胁/打击下累积性适应弹性计算概念的方法拓展，但这并不是完全真实的场景，只是对真实世界场景使用概率统计方法所做的一种定量描述。

一个计算全系统累积适应弹性的等式：

$$R_{FS}=1-\sum_{n=1}^{N}(1-R_n)P_n \quad ③$$

公式③中各参数的说明如下：

R_{FS}：全系统累积适应弹性（N 为威胁/打击场景总数）；

R_n：第 n 个威胁/打击场景的适应弹性；

P_n：第 n 个威胁/打击场景发生的概率。

表 2-3 以各种发生概率不同的不相关威胁/打击同时作用于某城市生命体的案例，给出了系统的最小适应弹性 R_{FS}。一般来讲，威胁/打击场景发生概率 P_n 往往来自试验和实际观察统计结果，通过比较城市生命体中各个分系统而得，但引入 P_n 更贴近实际情形，R_{FS} 的计算结果更能体现城市生命体在各种威胁/打击条件下的正常工作能力。

表 2-3　各种发生概率不同的不相关威胁/打击同时作用于某城市系统的案例

系统	威胁/打击概率	威胁/打击类型	避免性	健壮性	恢复性	重建性	适应弹性	损失
交通及基础设施系统	0.75	人为干扰	0.1	0.25	0.9	0	R_1=0.9325	0.050625
决策意志系统	0.3	游行示威	0.5	0.8	0.75	0.3	R_2=0.9825	0.00525
安防救护系统	0.01	物理攻击	0	0	0.9	0.1	R_3=0.9100	0.0009
城市生命体的功能损失期望 $\sum_{n=1}^{N}(1-R_n)P_n$								0.056775
城市生命体累积适应弹性 $R_{FS}=1-\sum_{n=1}^{N}(1-R_n)P_n$ =1-0.056775=0.943225								

7）计算结论

通过以上各种假设条件下的计算，可以得到这样一种结论：存在多种方法来获得一个更具适应性和生存能力的系统。因此，以系统适应弹性的方法做指导，我们可以比较各种系统架构的优劣，使用各种措施改进系统架构，使其具有更好地适应弹性，改进现有系统构建模型；建立数据库存储更多的系统适应弹性信息；保证在适应弹性上对系统进行持续评估，这些都有助于提升系统的适应弹性。

以适应弹性的理论对城市生命体的脆弱性进行测评，是非常有意义的事情。具体表现有：

第一，通过建立系统/城市生命体适应弹性模型，对系统/城市生命体的避免性概率、健壮性概率、恢复性概率、重建性概率及威胁/打击概率进行分析，可以快速发现城市生命体的薄弱环节，有针对性地加以改进，从而有效提高城市现有系统的适应弹性；

第二，不同打击系统或城市子系统之间有了明确的评判标准，这是评价城市恢复方案优劣的依据之一；

第三，根据适应弹性四个阶段的不同影响因素，可以选择具有不同适应弹性优点的系统（如A的避免性优，B的健壮性优）进行组合，从而使组合后的新系统具有更强的适应性和生存能力；

第四，系统/城市生命体适应弹性的评价方法，可量化判断城市的某些系统的适应性和生存能力，也可以针对性选择特定目标来高效的降低其整个城市生命体的适应弹性。

3

第三章　智能城市生命体

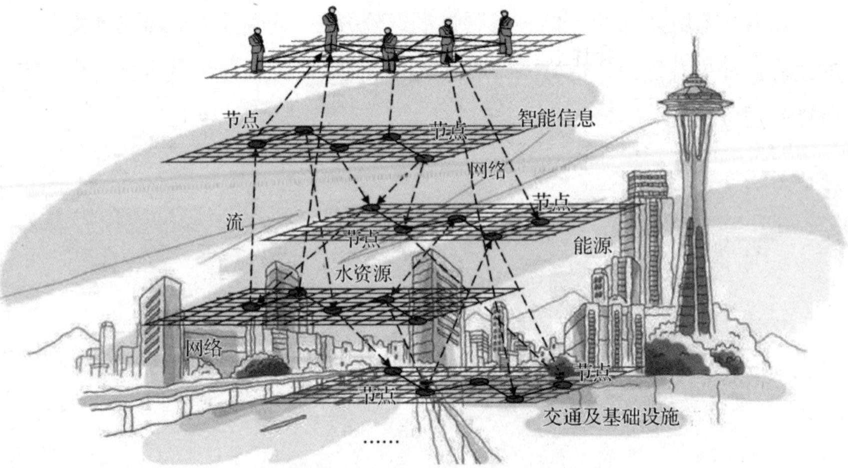

（一）十大子系统的“点-网-流”

（二）城市生命体的脆弱性

（三）城市生命体的智能标准及智能化

（一）十大子系统的“点-网-流”

1. 决策意志系统

在城市生命体中，城市的决策意志系统是以作为城市主体的决策意志机构来体现的。决策意志通过影响城市的行政部门、民意机构、媒体总部等，对城市各个系统的决策和运行产生影响，是城市生命体重要的组成部分。

决策意志系统的系统构成主要包括政府机构、城市人群、人际关系网络和媒体。其中政府机构包含行政、立法、司法等职能，分为中央、地方等不同层次机构；城市人群可根据不同年龄阶层和性别、职业、学历等状况进行分类；人际关系网络主要包含家庭关系网、同事关系网、朋友关系网、同学关系网等社会关系网络；媒体包括纸媒、电视媒体、网络媒体、社交媒体等，并且随着互联网的普及，媒体的种类也越来越多元化，尤其是互联网媒体的影响力在逐渐增强。

以下分别剖析决策意志系统的节点、网络、流三大要素。

1）节点

- 行政部门、意见领袖；
- 城市人群、社会组织；
- 媒体、媒体总部；
- 领导意志；
- 市民中心、民意机构。

2）网络

- 行政管理结构；
- 人际关系、社交网络；
- 媒体传输。

3）流

- 政务信息；

- 新闻；
- 民众意见。

2. 智能信息系统

城市的智能信息系统在城市中主要包括感知层、通用功能平台、指挥中心、通信网络等。感知层实现对城市各领域的全面感知。通用功能平台是指实现城市数据统一接入、功能整合、资源管理与服务，对下实现对信息基础设施的状态监控和资源管理，对上通过信息共享支撑各类开放的应用系统建设。基于融合通信、人工智能、大数据、云计算、空间等技术构建城市指挥中心，实现城市陆、海、空、网络等运行状态的全面监测、突发事件的预警、高效协同处置与联动指挥，降低城市突发事件造成的伤害及损失，提升突发事件处置能力和效率。通信网络通过对感知设备、通用功能平台、指挥中心的网络连接，实现万物互联及网络的无处不在。

智能信息系统的系统构成主要包括事前态势展现及监测预警系统、事中协同处理与指挥系统、事后评估优化系统等。其中事前态势展现及监测预警系统包含城市各领域的全面监测及预警（即交通、能源、网络舆情、大气、水、社会安全、公共卫生、自然灾害、事故灾害等）；事中协同处理与指挥系统包含城市各行业、各部门协同处理指挥（即军队、政府、武警、社会机构、企业、市民等等）；事后评估优化系统包含决策及业务人员评估优化等。

在城市计算机网络系统中，感知层、通信网络、计算存储构成了城市信息化公共基础设施部分，通用功能平台分为城市数据资源系统和应用支撑服务系统两部分，指挥中心分为业务应用和指挥中心场所两部分。以下分别剖析智能信息系统的节点、网络、流三大要素。

1）节点

- 感知设备

由图像、土壤、水质、地理空间感知、大气监测、声感知、光感知等陆、海、空感知系统设备构成。

- 集成单位

由公安、环保、民政、水务、卫生等城市信息化单位组成。

● 数据中心

主要由机房、UPS、存储设备、存储服务器、综合布线系统、装饰装修、供配电系统等组成。

● 指挥中心

主要包括业务应用和指挥中心场所。

业务应用主要分为事前态势展现及监测预警系统、事中协同处理与指挥系统、事后评估优化系统三部分。

指挥中心场所主要包括指挥大厅、UPS 机房、设备维护区、沙盘区、办公室、会议室、卫生间、更衣室、备用房、安保控制室等，主要建设显示系统、音响扩声系统、集中控制系统、综合布线系统、装饰装修、供配电系统、消防系统及指挥大厅设备间等。指挥大厅可配合各种应用系统，通过大屏幕显示系统显示现场情况及数据信息，召开视频会议，可满足较大规模人员的参与，夜间值班及日常办公的需求。

2）网络

主要由互联网（IP、PSTN、3G/4G/5G）、政务网络（IP、ISDN、PSTN）、军用网络（IP、ISDN、PSTN、3G/4G）、网关、融合通信设备等组成。

3）流

● 智能传感技术、遥感技术、GIS 技术等对各类公共基础设施和资源状态的动态实时感知。
● 整个生产、消耗和运维等运行各环节中的状态数据。

智能信息系统高价值目标包括城市数据指挥中心、通信塔等设施。本案例将城市数据指挥中心、通信塔均分为主次两级，数据指挥中心结合各级政府定位，通信塔按照服务半径在全市范围进行布局。智能信息系统受损的衍生反应也将直接影响防御决策传达的效率，还会降低预防性手段的实施效果。

3. 能源系统

能源系统的系统构成主要包括电力系统线路、电力系统节点、燃气及煤油系统能源、能源系统用户等。其中电力系统线路状态包含通断、投运负载、功率、电压、潮流、峰值；电力系统节点状态包含电压、角度、负荷，变压器发电机和输电线路等的容量、峰值等；燃气及煤油系统能源包含天然气、人工煤气、液化石油气、油制气、原油、成品油；能源系统用户包含居民用户、公共建筑、工业企业。以下分别剖析智能信息系统的节点、网络、流三大要素。

1）节点

- 发电厂、变电站、配电站；
- 油气田井场；
- 输送管道连接点、阀门；
- 油气驱动装置、加压站、调压室；
- 油气、煤炭储配储存中心，城市地下空间设施——地下油库如图 3-1 所示；
- 分布式能源用户端。

图 3-1　城市地下空间设施——地下油库

2）网络

- 输电网络（高压、超高压）；
- 配电网络；
- 油气管道；
- 分布式能源网络。

3）流

- 交流/直流电；
- 油气输送。

能源系统高价值目标包括发电厂（图 3-2）、储存站等大型能源供给设施，以及按服务半径布局的分布式能源设施。

图 3-2　位于美国亚利桑那州的纳瓦霍发电站

4. 交通及基础设施系统

城市的交通及基础设施构成了城市生命体的循环系统，同时交通基础设施也决定了城市功能的形成和发展，对于塑造城市形态、保障人流和物流的正常运转，起到关键性的作用。

交通及基础设施系统的系统构成主要包括城市交通和城市对外交通两大部分。前者指城市内部的交通，主要通过城市道路、公共交通系统来组织；城市对外交通则是以城市为基点与外部空间联系的交通，如铁路运输、水路运输、公路运输、航空运输及管道运输等。从交通基础设施的性质上看，可以分为设施节点及设施网络。前者包括汽车站、火车站、机场等重大基础设施，主要起到交通运输枢纽、交通方式转换、人流集散的作用；后者包括城市道路、铁路、公路、航线等交通网络，主要起到交通系统中各个节点的联络作用。

从城市生命体理论角度出发，交通及基础设施系统由节点、网络、流三大要素构成，以下将详细分析每一要素的组成。

1）节点

- 公交枢纽站点；
- 铁路客货运站、港口；
- 长途客运站、货运站；
- 航空港（通用机场、公务机场、军用机场）；
- 地铁、轻轨等轨道交通站点；
- 停车场库、道路交叉口。

2）网络

- 铁路：干线铁路、支线铁路、客运货运铁路；
- 各级公路、城市道路、地下通道等，城市地下空间管网信息系统如图 3-3 所示；
- 桥梁、隧道；
- 轨道交通等公共交通线路；
- 水运航线、航空线。

图 3-3　城市地下空间管网信息系统

3）流

- 城市、区域道路交通的物流；
- 城市、区域道路交通的客流。

交通设施系统高价值目标包括机场、火车站等城市大型交通设施，以及高等级道路、地铁站等客流集中，使用强度高的客货运运输设施；交通设施系统受损的衍生反应将直接对生产、生活系统造成较大影响，并降低城市受损设施的修复效率。

5. 水资源系统

城市中的水流、涉水设施（包括给水、排水、净水、蓄水设施）等数据是完善城市功能的重要组成部分。水是生命之源，城市从自然界，包括地表水和地下水中寻求水资源，经过城市本体的使用，最后通过排水设施排出，完成整个过程。

水资源系统的系统构成主要包括静态设施和动态流两部分内容等。其中静态设施包含给水设施和排水设施；动态流包含自然水系和城市用水系统中的水等。

1）静态设施

- 给水设施

包括城市取水工程（即水源、取水口、取水构筑物、提升原水的一级泵站、输水管等）、净水工程（即自来水厂、清水库、输送净化水的二级泵站等）、输配水工程（即输水管道、高压水池、水塔、清水增压泵等）。

- 排水设施

包括雨水排放工程（即雨水管、雨水收集口、雨水检查井、雨水提升泵站、排涝泵站、雨水排放口等）、污水处理与排放工程（即污水处理厂、污水管道、污水检查井、污水提升泵站、污水排放口等）。

2）动态流

- 自然水系

包括地表水、地下水、降水。

- 城市用水

包括给水、排水设施管网中的水流。

从城市生命体理论角度出发，水资源系统由节点、网络、流三大要素构成，以下将详细分析每一要素的组成。

1）节点

- 城市取水工程、净水工程点，如水厂、净水池；

- 输配水工程点，如泵站；
- 雨污水处理与排放工程点，如污水处理厂；
- 水坝。

2）网络

- 水渠、航运河道；
- 输配水管道、雨污水管道。

3）流

- 城市用水（即居民生活用水、企业生产用水、消防市政用水等）；
- 城市排水。

水资源系统高价值目标包括水厂、污水厂等城市给排水设施，以及自然存在的城市大型水体、河流等城市用水来源。

6. 大气环境系统

大气环境是指生物赖以生存的空气的物理、化学和生物学特性。物理特性主要包括空气的温度、湿度、风速、气压和降水，这一切均由太阳辐射这一原动力引起。化学特性则主要为空气的化学组成：主要包括大气对流层中氮、氧、氢 3 种气体占 99.96%，二氧化碳约占 0.03%，还有一些微量杂质及含量变化较大的水汽。人类生活或工农业生产排出的氨、二氧化硫、一氧化碳、氮化物与氟化物等有害气体可改变原有空气的组成，并引起污染，造成城市气候变化，破坏生态平衡。城市大气环境与城市各功能的运转息息相关，影响到城市中的主体，人的健康，也是城市与自然环境进行物质交换的重要载体。

大气环境系统的系统构成主要包括大气环境数据、污染源、预警感知及应急处理力量等。其中大气环境数据包含来自气象监测站/天气预报的风向、风速、温度、气压、降水等数据；污染源包含污染物的类型、释放数量的时间–剂量曲线；预警感知包含传感器网络部署位置和监测能力；应急处理力量包含各类力量和资源的位置、数量、装备、设备等。

从城市生命体理论角度出发，大气环境系统由节点、网络、流三大要素构成，以下将详细分析每一要素的组成。

1）节点

- 污染源，包括核（即核武器、核电厂泄漏、放射性同位素泄漏等）、生（即生物恐怖袭击、大规模传染病流行、生物安全实验室等）、化（即化学武器、化工厂事故、危化品车辆事故、化学恐怖袭击等）；
- 环境监测站点；
- 应急处置点（政府处理机构、空气质量研究所等）。

2）网络

- 城市气象环境，包括风场、温度场、气压场、降水等；
- 城市人造设施的风道、环流管等。

3）流

- 城市自然环境中流动的大气；
- 城市人造设施内流通的空气。

大气环境系统高价值目标包括监测站等城市环境监测设施，本案例中按服务半径在全市范围内对监测站进行布局。大气环境系统受损将降低城市对于环境事件的抵抗力，其衍生反应将直接造成免疫安防、生活系统的韧性下降。

7. 生产系统

城市的生产系统是城市存在和发展的最主要驱动力，决定着城市的维系、成长。随着科技进步和产业转型发展，城市生产系统呈现不同的特性，影响着城市的未来发展，尤其是作为下一代产业浪潮的物联网将对城市生产系统产生巨大影响。

城市的生产系统构成主要由研发设计、制造、传输、服务等各个环节共同决定，涉及物质与非物质生产领域。生产系统物联网层次包含感知层（即识别物体、采集信息等）、网络层（即管理中心、信息中心和智能处理中心等）、应用层（即实时控制、精确管理和科学决策等）等。

从城市生命体理论角度出发，生产系统由节点、网络、流三大要素构成，以下将详细分析每一要素的组成。

1）节点

- 各类企业；
- 关键性产业设施、研究室（军工、通信、航空航天、网络安全等）；
- 金融机构、银行；
- 兵工厂。

2）网络

- 企业生产信息控制网络；
- 智能物流仓储网络；
- 企业内职工通勤交通体系；
- 原材料、产品加工运输体系；
- 技术研发传递体系。

3）流

- 原材料、产品物流；
- 生产所需的能源流；
- 劳动力流动；
- 生产信息、技术信息流。

生产系统的高价值目标以兵工厂、大型公司企业等为主；一般来讲，生产企业多在市区集聚，兵工厂多在城市市区外围分布。兵工厂受损将直接造成相关防御策略的难以实施，而金融系统受到攻击的衍生反应也将降低部分高成本防御策略的可行性。

8. 生活系统

城市的生活系统由大量民用建筑及其组团构成，承担着城市生命体在平时状态下的运营功能。在城市国防中，生活系统中的商务区、高校等区域，以及市场、体育馆等人流聚集处易受到攻击。

城市的生活系统的系统构成主要包括城市生活功能大类系统、感知传输网络、服务软件系统以及之间的关联影响。其中城市生活功能大类系统包含公共管理与公共服务、商业服务业设施等；感知传输网络包含芯片、摄像头、传感器等；服务网络软件系统包含业务、个人信息、日志、共享等数据库；关联影响包含扰乱基本生活、社会混乱和信息窃取等。

从城市生命体理论角度出发，生活系统由节点、网络、流三大要素构成，以下将详细分析每一要素的组成。

1）节点

- 大型公共设施（即商场、写字楼、影剧院、游乐场等）；
- 学校、研究机构；
- 公园、绿地；
- 公用设施网点；
- 交通出行站点。

2）网络

- 视频监控、感知传输网络；
- 居民健康系统、养老服务；
- 智慧文化教育；
- 智能家居、物业管理系统。

3）流

- 城区、设施监控视频流；
- 居民身份、健康、活动信息；
- 商务、交易、金融信息；
- 智能服务软硬件信息。

生活系统高价值目标以商务区、高校等高等级金融、商业设施，以及市场、体育场等人流集聚的设施为主；生活系统受损将造成其余系统的运行效率降低，还将直接影响社会的稳定性，令城市失去防御力。

9. 安防救护系统

城市的安防救护系统包含了城市的综合安防系统和医疗卫生系统。安防系统是以维护社会公共安全为目的，运用安全防范产品和其他相关产品所构成的入侵报警系统、视频安防监控系统、出入口控制系统、防爆安全检查系统等；

或是由这些系统为子系统组合或集成的电子系统或网络。医疗卫生系统是现代化医院运营的必要技术支撑和基础设施。医疗系统是一门包括医学、信息、管理、计算机等多种学科为一体的边缘科学。整个系统由一台服务器和若干台工作站构成一个网络，各个子系统在网络上协调运行，部门间业务查询灵活，又提供严格的权限控制。每个子系统提供一个公用查询功能，每个子系统在此功能下只能使用它有权调用的功能。网络间共享的数据是实时的，避免造成部门间数据不一致的现象。

安放救护系统主要包括城市的视频监控系统、应急通信指挥系统、消防救援系统；要地的出入管理系统、周界防护系统、无人机管控系统、信号干扰系统；医疗卫生的防疫系统、救护系统等。

视频监控系统主要负责监测城市的生命体重点区域的实况呈现、记录追踪、调查分析等。应急通信指挥系统主要负责调节、维护、恢复城市的生命体内的正常运转，如对突发事件的迅速解决、对暴乱人员的定点清除等。出入管理系统主要针对城市的生命体的核心机关和部位（总称要地）提供总体安保，并可实现与其他安防系统内部各分系统之间的信息交换。周界防护系统主要针对城市的生命体的核心机关和部位（总称要地）提供外围监控与防御。无人机管控系统主要针对城市的生命体的核心机关和部位（总称要地），以超低空监视雷达为核心，以光电、电磁侦察手段为辅助探测手段，以电磁干扰为主要拦截手段的分层次、多手段、一体化的预警监视拦截系统，可以实现对要地内低空空域各类“低慢小”目标的高可靠、全天候、全天时、全方位、高精度的预警监视；并通过电磁干扰设备对“低慢小”飞行器实施干扰，迫使其失控或原地返航，同时电磁侦测设备可以快速完成对非法操控者的精确定位，便于实施取证和抓捕。信号干扰系统对城市的生命体的核心机关和部位与首脑要人提供保障。通过对要地实施全面的电磁屏蔽，保障要地的信息安全，或者阻止恐怖分子利用无线通信设备远程引爆遥控炸弹，保障行进中车队或重要场所免遭无线遥控炸弹的袭击，从而保障指挥部的安全和持续指挥能力。

从城市生命体理论角度出发，安防救护系统由节点、网络、流三大要素构成，以下将详细分析每一要素的组成。

1）节点

- 城市应急管理、指挥调度中心；
- 公安局（以及各个区域的派出机构）；
- 消防设施（消防局/站）；
- 医院、卫生站。

2）网络

- 视频监控系统；
- 态势呈现系统；
- 应急响应系统；
- 医疗管理系统。

3）流

- 基础信息、警用地理信息；
- 交通数据、监控视频数据；
- 任务管理、资源管理数据。

安防救护系统高价值目标以军事设施、高等级医院等设施为主；本案例在均匀布局的基础上，选取了多所医院作为本区域高等级医院。安防系统受损将瓦解城市的防御策略体系，而救护系统是生活、生产等系统运行的保障。安防救护系统在战时是城市的关键系统。

10．军事防护系统

军事防护系统是城市针对外来攻击物的攻击将其拒之于“城市”之外的系统总称。防御系统的防御措施及防御效果生效之前的位置应该在城市的系统之外。如反导系统可以将外来的弹道导弹拦截于城市生命体之外，其采取的拦截措施应很少甚至不会对城市生命体内部的各种要素及运行造成影响。

军事防护系统可以保护生命体正常地维持其城市职能，可以让其他系统不受影响地运转。在城市防御国防中，防御系统往往是第一层直接防御，与城市生命体内部的交联关系较少，军事设施占城市防御系统的主要部分。

现有的军事防护系统主要包括城市周边的军事系统，尤其是军营、要塞、专用防御系统等。在未来，重要的城市会部署更多的城市防御系统，可包括城市的电磁防御系统、气象战防御系统、防空反导系统、城市周边关键地理设施防御系统等。

军事防护系统由节点、网络、流三大要素构成，以下将详细分析每一要素的组成。

1）节点

- 武装警察（营区）;
- 军队设施（军营、站点），如地下空间设施，如图 3-4 所示;
- 军事检查区、管制区。

2）网络

- 天地一体化信息系统;
- 专用军事指挥系统。

3）流

- 基础信息、军用地理信息;
- 各类态势数据;
- 指挥控制数据;
- 军事系统的保障人流、物流、能源流等。

图 3-4 地下空间设施——地下工事

对于城市的防御系统来讲，电磁防御系统、气象战防御系统、防空反导系统、城市周边关键地理设施防御系统等可能会发生变化，但是城市的防御系统发展方向是全方面（海陆空天电等）的防御发展，同时努力构成一体化防御体系，该体系会使各类攻击防御消弭于城市之外，国防的战场也努力被放置在城市之外，不攻破防御系统就难以和城市直接接触，城市本身会回归于与各类国防无关的居住、生产、旅游等定位上去，所有与国防有关的设施、资源等很可能都会被归于一个与城市本体无关的防御系统。

（二）城市生命体的脆弱性

城市脆弱性表征主要体现在可能性、承受能力、损伤能力、恢复能力等几个方面，以下将分别分析城市脆弱性表征的判断标准，同时从技术预见角度出发，研究减少城市相应脆弱性、提升相关能力的技术方法。

1. 可能度

城市目标遭受攻击的可能性由优先级与难易度决定。

1）优先级

城市被打击的优先级是由所打击的城市目标为达成战争目标的贡献程度决定的。在城市国防过程中，容易被优先攻击的城市目标包括：

- 军事防护系统：包括指挥所、军事通信设施、情报收集设施等；
- 决策意志系统：包括政府机关、广播电台、新闻机构等；
- 能源系统：包括电源（水电站、火电厂、核电站等发电厂），变电所（升压变电所、负荷中心变电所等），输电、配电线路和负荷中心等；炼油厂、码头、储油储气设施等；
- 交通及基础设施系统：包括桥梁、铁路线、机场、隧道等；
- 生产系统：包括军工厂等。

2）难易度

对于特定的城市目标，可以通过防御加固、隐蔽转移等防御手段增加其被损坏的难度，从而减低其成为攻击目标的可能性。不容易打击的城市目标，例如：

- 结构加固：通过永久性或暂时性的建筑物对不便移动的城市目标进行加

固、增加其抵抗冲击的能力。

- 军事协防：对重要的城市目标还会采用增设例如反导系统、反渗透系统、战斗单位入住等军事防御手段。
- 转移隐蔽：对于例如重要政府团队、战争资源、生活补给等可采用转移的方法使其免于打击。
- 备用设备：电力、能源等系统通常会有备用或战时系统，在主系统遭受打击后仍然可以维持城市运作。

2. 承受能力

城市目标遭受打击的承受能力是对于目标钝感点与敏感点的性能判断。

1）顿感点

城市目标的钝感点在遭受打击后不会影响目标的核心功能与运作，这包括城市目标的外部防御结构、可替换构件和非功能所必需部分；从系统角度出发的钝感点还体现在城市目标的失能不会造成系统瘫痪。例如：

- 外部结构：如外墙、加固工事等；
- 可替换构件：如中继站、电网线路、通信线路等；
- 非功能性部分：如铁路站构筑物、附属建筑等。

2）敏感点

与钝感点相反，城市目标的敏感点在遭受打击后会影响到目标的核心功能与运作，例如，发电厂中的发电机组、政府机关中的核心政府成员、电台的信号发射装置等；从系统角度出发的敏感点还体现在城市目标的失能造成大面积的系统瘫痪。例如：

- 功能性部分：如发电机组、铁路线、机场信号塔等；
- 系统性敏感点：如无备用通路的电网、通信线路与交通线路，管控大面积电力供给的输变电枢纽等。

3. 损伤能力

城市生命体的损伤包括物理的毁伤和非物理的失能两种。

1）毁伤

物理损伤是指遭受火力打击后产生的防护、墙体、结构、基础等建筑或构筑物自身的损坏，可分为以下五个等级。

- Ⅰ级：受到损伤，但是只涉及建筑外壳或是防护结构，对建筑整体的破坏较小。
- Ⅱ级：受到损伤让系统的最大性能下降，不能发挥最大功率，或某一个分系统故障，但是还有其他功能替代。
- Ⅲ级：受到损伤足以去全部功能，短时间内无法提供功能，但可修复。
- Ⅳ级：损伤难以或无法通过修补来恢复。
- Ⅴ级：整个建筑或构筑物彻底损毁。

城市生命体毁伤等级量化标准根据严重程度可以分为五个等级，详细见表 3-1。

表 3-1　城市生命体毁伤等级量化标准

等级	程度	描述			
		节点	网络	流	性能
0级	正常	没有或仅有局部节点有故障	没有或仅有局部子链路有故障	超过 95%综合流量存续	子系统性能维持
1级	轻微	主要节点无障碍，次要节点故障	主干链路存在，部分重要子链路故障	85%～95%综合流量存续	子系统性能基本维持
2级	中度	不到一半主要节点故障，次要节点也有故障	主干链路存在，不到一半重要子链路故障	45%～85%综合流量存续	子系统性能勉强维持
3级	严重	超过一半主要节点故障，次要节点也有故障	主干链路部分存在或时断时续，超过一半重要子链路故障	15%～45%综合流量存续	仅能维持最核心性能
4级	毁灭	主次节点均遭到物理毁灭	不存在物理连接	不存在流量	性能不存在

注：子系统中的电/水/信息流中，任一的流量降至 15%及以下，此子系统的性能即不存在。

2）失能

非物理损伤是指遭受火力或非火力打击后造成的建筑失去正常的运转功能。通常在核心人员、关键兵器、网络节点等关键性的“点功能”受到损伤后会影响整个国防体系的“面效能”。根据严重程度可以分为四个等级。

- Ⅰ级：性能受到轻微影响，对核心功能的影响不大。
- Ⅱ级：大部分功能受损，最大性能下降，但是在一段时间内可以进行恢复。
- Ⅲ级：核心功能受损，但是仍然可以恢复。
- Ⅳ级：核心功能受损，已经完全无法恢复。

4. 恢复力

城市目标恢复力体现在资源储备与修复效率两方面。

1）资源储备

城市恢复力的基础，只有在资源存在的条件下才可提及修复与重建。战略资源储备是指国家或军队直接掌管的，与保障国计民生和国防安全有重大关系的物资储存或积蓄。对城市目标而言，战略资源主要是重要的生活资料与生产资料。

资源类型：包括对民生重要的物资；国内资源少或生产能力不足需要进口的物资；工业生产必需的金属和材料。

2）修复效率

在已有资源的条件下，修复效率是城市目标恢复力的最主要指标，其中包括资源调动效率、建造与修复耗时、修复后的功能替代效率。

- 资源调动效率：指用于修复的资源传递能力，受制于行政命令、资源所在位置、交通运输等环节的影响。
- 建造与修复耗时：指修复受损城市目标所耗费的时间成本，受人力、工程难度、可用资源量等方面影响。
- 修复后的功能替代效率：指修复后的城市目标所恢复功能效率、对于例如发电厂与电网等复杂的城市组成，修复的结果可能不会使其恢复到原本的发电与输电功能。

5. 脆弱节点识别与“流”量化

对城市脆弱节点的识别主要体现在可能性、承受能力、损伤能力、恢复能力等几个方面，以下将分别分析城市脆弱性表征的判断标准，同时从技术预见角度出发，研究减少城市相应脆弱性、提升相关能力的技术方法。

分析分年代记录采集数据、统一数据坐标系统针对目标城市建构地理信息数据库，实现对于多源城市数据的统一管理。并在数据管理的基础上，重点识别城市关键节点，包括：

（1）人口：人口最密集区域；

（2）产业：经济产出最高区域、产值密度最高区域、核心企业总部区域；

（3）交通：交通流咽喉区域、交通最密集区域、重大交通设施节点位置；

（4）设施：关键设施位置、管网咽喉区域、管网密集区域；

（5）功能：行政首脑区域、高收入群体区域、银行总部区域、地标建筑区域；

（6）自然：水库区域、山体区域等方面的关键数据，从而对于城市建设的总体结构、关键节点与脆弱特性形成整体的把握，便于开展深入研究和应对策略。

城市生命体的脆弱性可通过量化毁伤来确定系统的毁伤等级，因为系统的状态由构成系统的点、网、流三大要素决定，在量化毁伤的过程中，需要经过“量化毁伤-量化流-量化网络-量化节点”的过程，其中流的量化最为关键，是连接上下流程量化的重要程序。

以城市和平时期的流量的数字为衡量标准，计算各个系统毁伤后产生的流量，再结合城市的功能毁伤，由此判定城市的毁伤等级。

以流的数量来衡量毁伤，将其分为五个等级，不同的流构成了十大系统的不同功能，这些功能由不同的流以不同的比例来构成。主要功能的能力存续与相关流的维持与否密切相关，人客流、货物流和信息流是各个子系统中最重要的流类别。主要功能的显示是展示一个城市生命体在遭受不同打击后，对各个系统的运转情况进行评估。

十大系统的每个系统的状态衡量，可以以毁伤等级来表述，其中需要参照流的数量比例和功能的存续情况，只有流量比例符合且相关功能也符合才可以归入为该等级。

在以上对系统毁伤等级研究的基础上，我们先确定了城市毁伤的量化标准，即通过流量和功能的组合来量化分析；在“量化流、量化网络-量化节点”的过程中，流的量化是整个过程的关键。因为重要节点可以直接影响流量，网络更多体现在各个节点之间的关系，简单的处理方法为：直接将该节点所有的流经流量全部列为毁损，即跳过网络，直接计算流量（将网络中的流量交叉点提取出来作为重要的节点就可以解决）。

基于此，对系统毁伤等级的量化分析主要计算“流”的变化，而系统的节点、网络等要素，通过其空间与功能上的拓扑关系，转化成影响系数，进而实现系统量化分析。另外，由于级联失效的影响，我们在计算流的时候通过逐级量化计算来量化级联影响。

流量的减少以节点的减少和部分网络的减少为重要计算指标，如果将网络交叉点也视为节点，则节点的数量基本可以决定流量的大小。

各个流的加权计算公式可以为：

$$F=\sum P_i \times F_i = P_1 \times F_1 + P_2 \times F_2 + \cdots + P_N \times F_N$$

流的对应系数 P_i 根据该子系统中几类功能的重要程度而设定。

在不同类别的流中，均可以节点的存活数量和网络的存活数量来衡量流，其中以节点的存活数量衡量最为重要。单个流的加权计算公式可以为：单个流=系数 1×存活节点 1+系数 2×存活节点 2+⋯+系数 N×存活节点 N，即

$$F_i=\sum A_i \times \mathrm{Nod}_i = A_1 \times \mathrm{Nod}_1 + A_2 \times \mathrm{Nod}_2 + \ldots + A_N \times \mathrm{Nod}_N$$

存活节点的对应系数 A_i 由进出该节点的总流量来确定。一般来讲，由于此处计算的是单个流的数量，所以根据单个子系统的“节点-网络”拓扑图就可以基本确定 A_i，但是也必须认识到，长期、频繁地出现某些局部的堵塞正是该局部的节点或网络没有匹配好整个网络的结果，这些局部的节点网络正是城市的关键脆弱点所在。

在以上对城市生命体脆弱性毁伤等级研究的基础上，我们先确定了城市毁伤的量化标准，即通过流量和功能的组合来量化分析；在“量化流、量化网络-量化节点”的过程中，流的量化是整个过程的关键。因为重要节点可以直接影响流量，网络更多体现在各个节点之间的关系，简单的处理方法为：直接将该节点所有的流经流量全部列为毁损，就跳过网络，直接计算流量（将网络中的流量交叉点提取出来作为重要的节点就可以解决）。

基于此，对系统毁伤等级的量化分析主要计算“流”的变化，而系统的节点、网络等要素，通过其空间与功能上的拓扑关系，转化成影响系数，进而实现系统量化分析。另外，由于级联失效的影响，我们在计算流的时候通过逐级量化计算来量化级联影响。

6. 脆弱性分析

决策意志系统的脆弱性从节点、网络、流三大要素分析，主要体现在以下方面。

1）节点

- 政府首脑目标突出，安全难以保证。
- 社会组织和媒体枢纽所在地开放程度高，破坏难度低。

2）网络

- 行政管理结构多为逐级传递，链条某一环节的断裂意味着大量指令无法得到执行。
- 人际关系的社交网络对社交媒体的依赖性越来越强，线上的联系在战争时期不再可靠。
- 媒体传输依靠数据网络，节点多而韧性差。

3）流

- 政务信息需要可靠的传递反馈系统，否则有效性和执行度难以保证。
- 新闻宣传与民众意见呈复杂的关联性，难以保证对己方有利的舆论趋势。

智能信息系统的脆弱性从节点、网络、流三大要素分析，主要体现在以下方面。

1）节点

- 数据中心和指挥中心目标明显，对能源、人员等要素需求较高，受物理攻击可能性高。
- 智能信息系统架构复杂，个别节点能否正常运行可能影响整个系统的运转。

2）网络

- 互联网、政务网络、军用网络都可能受到物理性或信息手段侵入，造成信息网络停滞甚至瘫痪。

- 对网络维护要求严格，战时可能出现困难。

3）流

动态实时的感知信息流受污染可能性高，上游信息的损坏会导致下流处理的不准确性。

能源系统的脆弱性从节点、网络、流三大要素分析，主要体现在以下方面。

1）节点

- 发电站、变电站、油田等关键能源系统节点战略地位重要，目标明显，是初期物理性打击的高价值对象。
- 现代城市的能源输送架构复杂，对不同节点的破坏易传至周边地区。

2）网络

- 电网、管道等能源运输网络易被切断，技术难度低。
- 局部能源网络的受损对现代城市也有难以估量的影响。

3）流

- 油气等能源本身具有易燃易爆特点，可能对城市造成二次破坏。
- 电流的不稳定会对电气设备造成损害。

水资源系统的脆弱性从节点、网络、流三大要素分析，主要体现在以下方面。

1）节点

- 水坝、水电站等重要节点的受损可能会造成洪涝等灾害威胁人员和财产安全。
- 净水设施受破坏修复难度大，耗时长。

2）网络

输配水管道、泵站等给排水网络易被切断，破坏难度低。

3）流

水资源污染可能影响、传递至城市公共建筑、工商企业、居民等所有用户。

交通及基础设施系统的脆弱性从节点、网络、流三大要素分析，主要体现在以下方面。

1）节点

- 机场、火车站、港口等城市交通枢纽战略意义重大，是战时重点争夺的对象。
- 城市交通枢纽的运转能力是战时军事能力的关键保障。
- 桥梁、隧道等节点可能决定了区域交通网络的完整性和通行能力。

2）网络

- 铁路、公路、水道承担了城市大量货物流、人流的运输。
- 停车库、轨道交通等设施也是城市人防系统的组成部分，战时要实现功能的部分转换。

3）流

货物流、乘客流可能受到恐怖袭击等形式的直接攻击，并产生相关的社会恐慌。

大气环境系统的脆弱性从节点、网络、流三大要素分析，主要体现在以下方面。

1）节点

- 核电厂、核工厂一旦直接或间接受到破坏，将对整个城市产生致命威胁。
- 生化攻击或针对生物安全实验室、研究所、化工厂等场所的袭击，将对城市的环境安全产生巨大威胁。

2）网络

- 城市气象环境复杂，一旦遇到环境安全事件、生化袭击，污染物易扩散，且难以预测防范。
- 城市外围的污染物易扩散至城市内，防范工作需着眼更大范围。

3）流

- 城市建设环境的复杂性导致气流淤积、不通畅等问题加重城市的大气污染，也为环境灾害事件的处理增加了难度。

- 重要功能设施、人员密集设施内空气流通问题需要得到重视。

生产系统的脆弱性从节点、网络、流三大要素分析，主要体现在以下方面。

1）节点

- 生产管理、控制中心的信息安全和实时感知能力是战备、战时的保障重点。
- 关键性产业设施、研究室易遭到定点打击，以摧毁战争保障能力。

2）网络

- 生产系统的信息控制、物流仓储等环节都以保障网络安全为前提。
- 通勤交通、材料、产品运输网络的运转以决策、信息、交通等多个系统的协同工作为基础。

3）流

- 战时，材料、产品、劳动力的对内、对外流动都可能遭到封锁。
- 高强度的城市战争条件下，对生产信息、技术信息流的控制是获知战争持续能力的基础。

生活系统的脆弱性从节点、网络、流三大要素分析，主要体现在以下方面。

1）节点

- 商场、写字楼、学校、医院等大型公共设施还可能发生人质劫持、邮包炸弹等事件，预警难度大。
- 一些公用设施网点可能是针对智能信息系统、能源系统等其他城市功能的袭击目标。

2）网络

- 现代生活设施信息化程度高，对相关技术设备的破坏或侵入，可能导致使用者同时受到网络攻击，从而造成影响扩散。
- 针对生活功能网络的攻击，会加剧战时社会生活的动荡不安。

3）流

- 网络攻击可能窃取城市的监控视频流，以及机构、个人的隐私信息。
- 金融类、服务类信息的泄露直接影响财产和人身安全。

安防救护系统的脆弱性从节点、网络、流三大要素分析，主要体现在以下方面。

1）节点

应急管理、指挥调度中心、军警设施等安防设施可能是战时敌方的首要攻击对象，以瓦解其他系统的保障能力。

2）网络

- 监控、响应等系统建立在数据信息安全的基础上，整体系统的安全架构应有隔离局部分区的设计考虑。
- 需要多套备份系统，以保障战时安防系统的有效性。

3）流

- 警用、军用、任务管理等城市安防关键信息流需要完备的加密系统，最大程度降低泄露等情况对信息安全造成的损害。

军事防护系统主要为城市提供抵御外来入侵、稳定内部安定的功能，保障城市的正常运转，军事武装的强弱会对民意产生直接影响。城市整体防御系统本身的攻击较难实现，往往是利用各个系统的防守漏洞、防守间歇等进入城市生命体本身。

（三）城市生命体的智能标准及智能化

1. 城市生命体的智能标准

智能城市生命体是一种高级形式的复杂智能巨系统，该系统与人的指令及外部环境处于动态的反应过程中，具有感知、记忆和思维、学习和自适应、行为决策能力。智能城市生命体理论可以将各类现有及未来的城市类型均囊括其中，区别仅是各个子系统的有无或程度差异而已。

智能城市具有以下层级特征：

1）可感知：城市各系统实现全面深入的信息采集

智能生命体的各类智能系统应能借助传感器等器件产生对外界环境（包括人类）进行感知的能力，可以像人一样通过听觉、视觉、嗅觉、触觉等接收来自环境的各种信息，对外界输入产生文字、语音、表情、动作等必要的反应，甚至影响到环境或人类。通过传感技术，实现对城市管理各方面监测和全面感知。智能化的城市利用各类随时随地的感知设备，智能识别、立体感知城市环境、状态、位置等信息的全方位变化。智能城市将对智能信息系统、能源系统、水资源系统、交通及基础设施系统、大气环境系统、生产系统、生活系统等子系统进行全面信息采集，并建立分级的数据中心对城市信息进行存储和管理。

2）可判断：通过城市中枢进行智能决策

智能化的城市中，各类传感装置、宽带有线、无线网络技术的发展为城市中物与物、人与物、人与人的全面互联、互通、互动，宽带泛用网络作为智能城市的“神经网络”，极大地增强了智能城市作为自适应系统的信息获取、实时反馈、随时随地智能服务的能力。

基于云计算，通过智能融合技术的应用实现对海量数据的存储、计算与分析，构成智能城市的“中枢神经”，精准地发现交通、环境、基础设施等系统中存在的问题，从而为城市首脑的决策奠定基础。

3）可反应：建立自动反馈的智能应用，提升城市自我修复能力

借助于按钮、键盘、鼠标、屏幕、手势、体态、表情、力反馈、虚拟现实/增强现实等方式，人与机器间可以产生交互，使机器设备越来越“理解”人类乃至与人类共同协作、优势互补。这样，人工智能系统能够帮助人类做人类不擅长、不喜欢但机器能够完成的工作，而人类则适合于去做更需要创造性、洞察力、想象力、灵活性、多变性乃至用心领悟或需要感情的一些工作。

技术的融合与发展将进一步推动“云”与“端”的结合，推动从个人通信、个人计算到个人制造的发展。随着通信网络的日益完善，智能化的城市可以根据自身实时监测的信息进行反馈，从而大大减少各个系统的应急预警的时间，从而建立全方位的安全运营机制。

4）可学习：城市可持续创新与深度学习

城市智能生命体在理想情况下应具有一定的自适应特性和学习能力，即具有一定的随环境、数据或任务变化而自适应调节参数或更新优化模型的能力；能够在此基础上通过与云、端、人、物越来越广泛深入数字化连接扩展，实现机器客体乃至人类主体的演化迭代，以使系统具有适应性、鲁棒性、灵活性、扩展性，来应对不断变化的现实环境，从而使人工智能系统在各行各业产生丰富的应用。

智能城市面向知识社会的下一代创新，重塑了现代科技以人为本的内涵。随着智能技术的应用，民众交流的自由度大幅提升，注重以人为本、市民参与、社会协同的开放创新以及公共价值与独特价值的创造。互联网通信工具例如，维基、微博、Fab Lab、Living Lab 等进一步强化公众参与，汇聚公共智能，不断推动大众创新、协同创新。[1]

2. 十大子系统的智能化

1）决策意志系统

城市决策意志系统包括的是智能舆情监测系统，可以根据定制的主题，对国内外互联网信息实时监测、舆情预警；还可对相关主题进行跟踪监测、趋势分析、热度分析、舆情统计等；并提供舆情知识、舆情案例、应对策略及理论；支持多级组织部署，舆情上报和下发，为舆情快速响应、引导和处置提供决策支持。成为城市领导者的贴身参谋。

感知：采用网络爬虫、互联网搜索工具、网络监听等方式获取城市相关的舆情数据。

自动化处理：智能舆情监测系统能够及时发现网络突发事件、主动自动应对防范，通过移动互联的服务云，能够使城市管理者随时随地了解全面的舆情资讯，运筹帷幄，举重若轻。

自学习和升级：以人工智能、复杂系统等理论为基础，使系统能够模拟或

1 张婷，中国智能建筑行业技术创新大会暨创新评选活动颁奖典礼在沪举行，《智能建筑与智慧城市》，2016 年。

实现人类的学习行为，通过样本的积累和经验的增减，能够自动获取新的知识或技能，重新组织已有的知识结构使之不断改善自身的性能。包括网络舆情、社情民意、舆情内参、热点走势、人事解读、舆情案例、舆情应对等。

2）智能信息系统

感知：通过全面覆盖的感知网络如各类光、电、声、热、湿度感应器实现对城市各类信息的透明、全面获取。

自动化处理：通过覆盖整个城市范围的互联网、通信网、广电网和物联网，融合构成城市通信网络，实现各类信息的广泛、安全传递，并能对网络攻击行为进行自动识别与适应，实现城市各分系统的安全自动运行。

自学习和升级：以人工智能、复杂系统等理论为基础，使系统能够模拟或实现人类的学习行为，通过样本的积累和经验的增减，能够自动获取新的知识或技能，重新组织已有的知识结构使之不断改善自身的性能。包括网速调节、网络容灾等。

3）能源系统

通过普遍连接的能源物联网，以及超级计算机和云计算将物联网整合起来，能够以更加精细和动态的方式管理生产和生活所需的能源，使能源利用具有自组织、自检查、自平衡、自优化等人类大脑功能，从而实现能源的安全、稳定、清洁和永续利用，包括“智能电网”“智能电力”“节能建筑”“智能能耗”等。

感知：采用传感器技术，对能源的生产、加工转换、传输配送、存储、终端消费等各个环节进行精准量测、互联互通、数据挖掘。

自动化处理：在能源消费环节，通过用能对标、技术改造等手段，实现更加精细的用能管理；在传输环节，信息化系统将降低输电网络、天然气管网的网络传输损耗，切实提升系统稳定性；在加工转换环节，可通过有效捕捉热力需求，可以在热电联产过程中调整热电比，使能效达到最优；在生产环节，风电场等新能源也将在信息化条件下进一步提升发电小时数，火力发电厂通过与需求侧的互动，实现削峰填谷，提升设备使用率，同时信息化手段对煤矿里的安全生产等起到积极作用。

自学习和升级：以人工智能、复杂系统等理论为基础，使系统能够模拟或实现人类的学习行为，通过样本的积累和经验的增减，能够自动获取新的知识或技能，重新组织已有的知识结构使之不断改善自身的性能。包括能耗分析、均衡负载、分时供应等。

4）水资源系统

智能水务通过数采仪、无线网络、水质水压表等在线监测设备实时感知城市供排水系统的运行状态，并采用可视化的方式有机地整合水务管理部门与供排水设施，形成“城市水务物联网”，并可将海量水务信息进行及时分析与处理，并做出相应的处理结果辅助决策建议，以更加精细和动态的方式管理水务系统的整个生产、管理和服务流程，从而达到“智能”的状态。

感知：通过数采仪、无线网络、水质水压表等在线监测设备实时感知城市供排水系统的运行状态。

自动化处理：对城市供水的安全管理、生产运行、水质化验、设备管理、日常办公等关键业务提供统一业务信息管理平台，对供水单位实时生产数据、视频监控数据、工艺设计、日常管理等相关数据进行集中管理、统计分析、数据挖掘，为不同层面的生产运行管理者提供即时、丰富的生产运行信息，提供分析决策，为城市供水规范管理、节能降耗、减员增效和精细化管理提供强大的技术支持，从而形成自运行的城市供水系统。[1]

自学习和升级：以人工智能、复杂系统等理论为基础，使系统能够模拟或实现人类的学习行为，通过样本的积累和经验的增减，能够自动获取新的知识或技能，重新组织已有的知识结构使之不断改善自身的性能。包括水压调节、管网自修复、水质分析等。

5）交通及基础设施系统

智能交通系统（Intelligent Traffic System，ITS），是将先进的科学技术（信息技术、计算机技术、数据通信技术、传感器技术、电子控制技术、自动控制理论、运筹学、人工智能等）有效地综合运用于交通运输、服务控制和车辆制造，加强车辆、道路、使用者三者之间的联系，从而形成一种保障安全、提高效率、改善环境、节约能源的综合运输系统。智能交通系统通过人、车、路的

1 新华每日电讯，“城市大脑”为“堵城”疏堵，2019-05-10，http://www.xinhuanet.com/mrdx/2019-05/10/c_138047333.htm。

和谐，密切配合提高交通运输效率，缓解交通阻塞，提高路网通过能力，减少交通事故，降低能源消耗，减轻环境污染。

感知：采用人工输入、GPS 车载导航仪器、GPS 导航手机、车辆通行电子信息卡、CCTV 摄像机、红外雷达检测器、线圈检测器、光学检测仪等方式，对交通状况进行实时动态感知。

自动化处理：以信息服务器、专家系统、GIS 应用系统、人工决策、应急预案、交通设施物联网、无人驾驶系统、立体交通网等人工智能的基础，通过机器学习获得自动化处理能力，能够实现智能驱动与自动调度，处理的结果通过互联网、手机、车载终端、广播、路侧广播、电子情报板、电话服务台等形式向驾驶员、行人、调度者等交通关系方实时推送。

自学习和升级：以人工智能、复杂系统等理论为基础，使系统能够模拟或实现人类的学习行为，通过样本的积累和经验的增减，能够自动获取新的知识或技能，重新组织已有的知识结构使之不断改善自身的性能。包括拥堵分析、污染分析、区域分散均衡等。

6）大气环境系统

城市大气系统指的是智慧环境监测系统，以环境监控监测为抓手、以环境数据为中心、以环境综合业务框架平台为应用、以环境地理信息系统为基础，在城市内以最先进的环境监控监测技术建立的环境监控监测网络和环境监控指挥中心。

感知：采用气象站、污水传感器、气体分析仪、移动环境监测仪等工具实现对污水、烟气、化学气体、PM2.5、天气等气象环境情况的监测。

自动化处理：智慧环境监测系统能够自动发现环境污染源并分析组分等信息，能够自动形成应对策略，包括市民疏散、污染清除、微气象调节等。

自学习和升级：以人工智能、复杂系统等理论为基础，使系统能够模拟或实现人类的学习行为，通过样本的积累和经验的增减，能够自动获取新的知识或技能，重新组织已有的知识结构使之不断改善自身的性能。包括气象预报、灾害预警、生化预警、污染源分析、扩散分析、生化应急等。

7）生产系统和生活系统

由智能仪表技术、现代建筑技术、现代计算机技术、现代通信技术和现代控制技术等所组成，通过将建筑物的结构、系统、服务和管理根据用户的需求进行最优化组合，为用户提供一个高效、舒适、便利的人性化建筑环境。

感知：通过楼宇设备自控系统工程，通信系统工程，保安监控及防盗报警系统工程，卫星及共用电视系统工程，车库管理系统工程，综合布线系统工程，计算机网络系统工程，智能灯光、音响控制系统工程，火灾报警系统工程，计算机机房工程，一卡通系统工程等，对建筑和建筑居住者的信息进行全方位感知。

自动化处理：通过对弱电系统进行统一的监测、控制和管理，对建筑包含各子系统的跨系统联动，对感知数据的信息共享，能够实现建筑控制和调节的流程自动化。

自学习和升级：以人工智能、复杂系统等理论为基础，使系统能够模拟或实现人类的学习行为，通过样本的积累和经验的增减，能够自动获取新的知识或技能，重新组织已有的知识结构使之不断改善自身的性能。包括能耗优化、安保升级、环境调节、形态调整等。

8）安防救护系统

智能安防以视频监控系统为基础，可以帮助城市管理者实现可视化的感知。同时，通过各种有线、无线网络，整合城市各类视频数据，建设一个庞大的城市公共安全防控平台，利用云计算技术，对海量的城市视频进行存储与分析，实现事前积极预防、事中实时感知和快速响应以及事后的快速调查分析。

感知：通过智能门禁、摄像头、身份识别系统、电子围栏、场面监视雷达等，对城市安防环境进行感知。

自动化处理：智能安防救护系统能够实现安全和隐患的自动化监控管理、预警与处置，包括事件预警、自动打击、自动拒止、自动灭火、辅助调度、系统联动等。

自学习和升级：以概率论、统计学、逼近论、凸分析、算法复杂度理论等多门学科为基础，使系统能够模拟或实现人类的学习行为，通过样本的积累和经验的增减，能够自动获取新的知识或技能，重新组织已有的知识结构使之不断改善自身的性能。包括犯罪地图分析、疫情分析、防务设计优化等。通过入侵识别、轨迹分析、意图分析、态势监测等分析工具，实现对威胁目标的自动拒止、定点清除和先发制动等，自动组织起联动式防御体系，实现对城市安全的外围防御。

自学习和升级：以人工智能、复杂系统等理论为基础，使系统能够模拟或实现人类的学习行为，通过样本的积累和经验的增减，能够自动获取新的知识或技能，重新组织已有的知识结构使之不断改善自身的性能。包括行为判断、全面打击、中枢隐形等。

9）军事防护系统

在智能信息系统、安全防护系统等帮助下，通过增强军事系统的智能性，可实现城市防御系统的联网监测、联动拒敌、互为犄角、动态生存等。

感知：通过光电高清摄像机、微波雷达、激光雷达、情报监听系统等工具和方式实现对城市威胁目标的识别。

军事智能化中的各类智能武器在一定授权的情况下，对城市治理相关的事务进行自动化处理，根据情况进行必要的自学习和升级。

4

第四章　智能城市治理生态

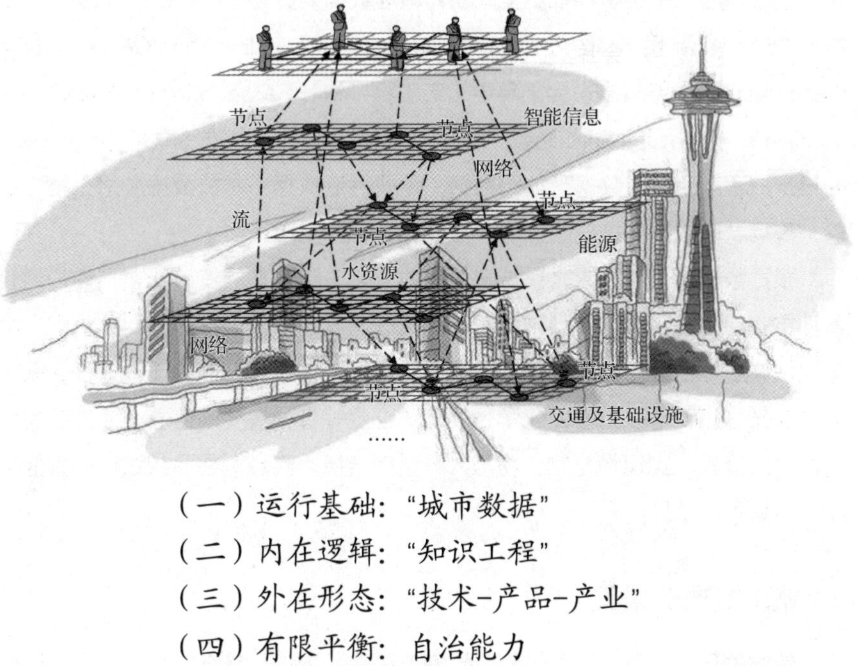

（一）运行基础："城市数据"
（二）内在逻辑："知识工程"
（三）外在形态："技术–产品–产业"
（四）有限平衡：自治能力
（五）运行机制：治理范式
（六）治理实现：十大系统

（一）运行基础："城市数据"

1. 城市数据的标准

标准是科学、技术和实践经验的总结。标准化在科技创新体系中扮演着重要的技术支撑作用，是技术创新体系的轴心。随着科学发展、技术进步和社会经济实践的进展，标准化是一个不断演进的动态过程。动态标准化过程体现了科技创新的演进，标准化与知识产权结合有助于推动自主创新，标准化进一步与人工智能结合带动开放创新。

数据标准是城市生命体信息化的重要基础工作，需要确定数据的名称、代码、分类编码、数据类型、精度、单位、格式、元数据等内容。数据标准化是一项基础性的工作。国际岩土工程与土力学学会、国际岩石力学与工程学会和国际工程地质学会等联合成立的联合专业委员会 JTC2 给城市工程数据的电子化表达和标准化制定了标准。美国联邦地理数据委员会（FGDC）于 1997 年发布地质地图制图标准（Digital Cartographic Standard for Geologic Map Symbolization），英国的岩土及环境土工工程师协会（Association of Geotechnical and Geoenvironmental Specialists）在 1992 年提出的电子数据传输文件标准 AGS Format，涵盖了钻孔数据、地层数据、地质构造数据、水文数据、岩土室内试验、现场试验数据和监测数据等，被世界多国广泛采用。

根据数据标准的要求，在城市生命体安装多种类型的传感器，开始构建智能城市空间物联网。智能城市地下空间物联网通过各类传感器、射频识别、全球定位系统等技术，实时采集城市需要监控、连接、互动的物体或过程，采集其声、光、热、电、力学、化学、生物、位置等各种需要的信息，通过各类可能的网络接入，实现物与物、物与人的泛在连接，实现对物品和过程的智能化感知、识别和管理。

2. 城市数据的采集

传统的环境监测、地质勘探、地震监测手段中人工参与的比重较大，这样的监测结果显然效率低、准确度不高，并且成本高。不同类型传感器的发展就像人类的五官一样，可更加逼真、智能地采集信息，如光敏传感器——视觉、声敏传感器——听觉、气敏传感器——嗅觉、化学传感器——味觉、压敏、热敏、流体传感器——触觉等不同类型的传感器不断被开发和大力应用，将为环境、地质、地震、减灾应急等众多领域提供更多信息采集的手段，并且将能够大大扩展信息采集的范围和提高应用的准确度。从生活层面来看，“无处不在”的传感器充斥在我们的生活中，例如，电视遥控器、空调遥控器、声控灯、鼠标、测温仪、电饭煲、火警报警器等。不得不说，传感器的发展正在改变着我们的生活、生产方式。

传感器能够测量周边环境中的热、红外、声呐、雷达和地震波信号等，从而探测温度、湿度、噪声、光强度、压力、土壤成分、移动物体的大小、速度和方向等。利用传感器技术，建立环保、交通、水利、地震、气象等监测站点，将大大扩展人类感知事物的范围。

3. 城市生命体数据

城市是人类活动最为密集的区域，海量的人类活动与社会运行数据不可避免地在城市中爆发。以北京为例，每天有超过千万的市民出行，每天公交卡产生几千万条刷卡记录，有近千万的车辆在运营，每天同时有近万个交通固定检测器在采集车辆的瞬时车速，有近亿万条的手机通信数据，还有千亿级的交通影视影像数据。

这些数据有很多类别，可根据其数据特性、应用范围等进行分类（图 4-1）。

数据类型	数据特性	隐私敏感性	应用范围	数据维度	数据粒度
地图与兴趣点数据	城市基本构架	易获取	应用广泛	低	时间粗、空间细
GPS 数据	单一交通工具	较易获取	应用广泛	中	细
客流数据	多交通工具	隐私敏感	专用为主	中	细
手机数据	个人行为追踪	隐私敏感	专用为主	中	细
位置服务数据	特定兴趣点	较易获取	专用为主	中	细
视频监控数据	固定地点	条块分割	专用为主	高	细
环境与气象数据	空间粒度往往过粗	数据公开	专用为主	低	粗
城市社会活动数据	行业特性	条块分割	专用为主	中/低为主	—

图 4-1　智能城市研究中常用的数据类型与特性

1）地图与兴趣点数据

街道与建筑是城市的基本构架，地图数据是对城市构架进行描述的基本方式，而兴趣点（Point of Interest，POI）数据则是介绍城市各功能单元的基本信息。因此，城市地图和兴趣点数据是进行以数据为中心的智能城市研究的最基本原料，也是在对其他类型城市数据进行融合时的空间锚点数据。地图和兴趣点数据包含了城市布局、结构、行业分布等丰富信息。如果能够结合大时间跨度的历史数据，还可以从地图和兴趣点数据中获得城市的发展演进、行业兴衰、布局迁移等人类学与经济学知识。

2）GPS 数据

安装有 GPS 接收芯片的移动设备不但可以为城市的车辆提供导航与定位服务，同时还可以收集城市中人、车等流动物体的活动信息。出租车、公交车等公共交通工具上安装 GPS 设备，将其作为传感器对于城市的交通情况进行采样，产生数据。浮动车辆 GPS 数据对于感知城市中的交通状况和人类活动行为都有很大的价值。安装有 GPS 接收芯片的智能手机也可以当作个人行为轨迹的收集设备。手机 GPS 数据可以对某一活动个体的行为进行全天候追踪采样，因此具有非常大的应用价值。但是由于隐私、安全等诸多问题，手机的 GPS 数据很难大规模收集应用，目前只能依靠志愿者的方式进行小范围收集和研究。

3）客流数据

城市中市民采用不同交通工具进行日常通勤的数据称为客流数据。出租车的客流数据可以使用浮动车辆 GPS 数据配合出租车计费表的乘客状态获得。公交车与地铁的客流数据则可以使用市政交通一卡通（以下简称“一卡通”）的刷卡记录进行收集。一卡通可以同时记录持卡人的刷卡时间、刷卡地点与乘坐的交通工具类型，而且市民通常不会频繁地更换一卡通，因此一卡通数据还兼具身份标示的功能。客流数据包含的城市活动信息非常丰富，可以被用于城区功能分析、人口流动监测、城市交通系统评估、多交通工具人类行为研究、城市交通经济学研究等领域。但是，客流数据在一定程度上也存在隐私敏感性问题，可以在进行加密或匿名处理之后进行收集和使用。

4）手机数据

手机是人们日常生活必不可少的通信工具，其所能提供的数据类型很多，包括通讯录、通话记录、GPS 定位信息、与基站间的信令记录、上网记录和 APP 使用记录等。这些数据可以反映城市中居民活动的兴趣偏好、活动范围、规模频率、社交关系等内容，因此具有非常巨大的应用潜力。但是由于手机数据涉及详细的个人隐私，不论是政府、运营商还是手机用户对使用这类数据进行科学研究或是商业应用都十分敏感。同时由于手机数据所包含的个人信息过于丰富和集中，因此简单的匿名处理往往不能完全消除用户隐私泄露的危险。这些原因导致目前工业界和学术界对手机类数据的利用程度十分有限。

5）位置服务数据

基于位置的服务（Location Based Service，LBS）是移动互联网时代一种新兴的网络服务方式，其特点是根据用户所在的地理位置信息有针对性地提供社交、推荐、广告、导引等服务内容。通过 LBS 应用所收集的数据具有明确的地理位置坐标并兼具传统 Web 服务的语义特性。签到数据、商家点评数据、带有位置信息的社交网络数据等均属于 LBS 的范畴。本质上，LBS 是对 POI 数据的一种深度描述和补充，但与地图和 POI 等简单的城市地理数据相比，LBS 包含有大量的语义信息，可以帮助人们更加深刻地理解城市功能结构与人类活动之间的相互作用方式。

6）视频监控数据

随着视频传感器技术的普及，视频监控技术已经被广泛地应用于交通管理、社区安保、室内安防、娱乐通信等城市生活的各个方面。视频监控设备的安装者也包括政府、企业、机构和个人等不同类型。视频监控设备所采集的海量视频数据记录着城市中居民生活的分分秒秒，在数字空间中形成了对物理城市的虚拟“镜像”。充分利用这些视频数据可以从某种程度再现城市生活的历史，其理论研究与应用价值是不言而喻的。然而，视频数据同时也存在维度高、非结构化、语义鸿沟、可理解性差等问题，加之视频数据庞大的生成规模，使得分析和利用城市视频数据变得异常困难。如何开发利用好城市视频这个内容丰富的城市数据宝藏，成为长期以来困扰工业界和学术界的一大难题。

7）环境与气象数据

气象数据很早便受到城市科学研究的充分关注，典型的研究如天气预报等已经形成了成熟的理论，并且得到了广泛的推广。精准的天气预报能够对城市市民的出行规划起到非常大的帮助作用。同时，随着人们对于环境与健康问题的日渐重视，以空气质量为代表的城市环境数据近两年也开始成为社会关注的焦点。雾霾、PM2.5 浓度等问题，对于城市市民生活的影响日渐显露。城市环境和气象数据可以在市民出行、工业规划、交通限行、环境治理等诸多领域发挥重要作用。城市的环境与气象数据的一个重要的特点是其地理与时间采样密度低，常规的地理采样密度是以区县为单位，而时间采样密度一般大于一小时一更新。如何实现细粒度、高精度的环境与天气数据分析是该应用类数据的一个重要挑战。

8）城市社会活动数据

城市社会活动数据包括了人口户籍、金融物价、医疗卫生、能源消耗等各种社会动态数据。每一类社会活动数据都可以透彻地反映城市居民社会生活的一个方面，是深入理解和分析城市社会化行为的必备原料。这些数据都已经在各自所对应的行业当中发挥了巨大的作用。然而，由于城市社会活动数据行业性较强，容易受到行业条块分割的影响，往往彼此分割孤立，难以统一获取。同时，由于数据的来源与获取渠道十分分散，因此数据之间的时空尺度与采样粒度差别非常大，很难找到合适的数据同步锚定点。这些特点导致城市社会活动数据之间的相关性作用很难被充分挖掘出来。打破行业条块分割、实现多源异构城市数据的融合，是深度开发利用城市社会活动数据所面临的首要任务。

4．城市数据的互联

通过各类传感器技术，感知物体和过程的多种要素；射频识别技术对物体进行识别；卫星导航定位技术感知物体位置；物-物数据通信技术及互联网、电信网、电视广播网三网融合和 5G 技术的发展，将各种感知信息接入网络进行综合等，多种技术综合应用将最终实现对各类物体、过程的智能化感知、识别、管理和控制。

互联网、有线和无线通信网、广电网等网络融合实现信息传输。互联网、通信网、移动通信网、广电网等不同类型的网络，能够为多种方式、多种手段、多种途径所感知的信息，通过有线、无线等方式进行传输，各种网络的融合及综合利用，更加有助于卫星平台（气象卫星、大气卫星、测绘卫星和环境与减灾卫星等）、低空平台（无人机、飞艇、气球等）、地面传感器（大气、温度、湿度等）等全方位、全天候所感知的信息与地面数据服务系统间的良好传输与交互。

据保守估计，截至2045年将有1000多亿设备连接到互联网。这将包括移动设备和可穿戴设备、家用电器、医疗设备、工业传感器、安全摄像头、汽车、服装和其他技术。所有这些设备会产生并分享大量信息，将彻底改变人们的工作和生活方式。人们将使用通过物联网（IoT）生成的信息做出更明智的决定，并对自己的生活和周围的世界获得更深的了解。与此同时，联网设备也将自动操作许多监测、管理和维修任务，目前这些工作还需要人工劳动来完成。物联网、分析和人工智能的交叉点将为没有人工干预的、进行大量关键业务的智能机器，创建一个全球化网络。尽管物联网会提高经济效率、公共安全和个人生产力的许多方面，它也将加剧人们对网络安全和隐私的担忧。

5. 城市数据的应用

数据及数据库是城市生命体运行的基础。当前智能城市采用多种数据库管理系统存储和管理多种信息数据，选用不同地理信息数据模型进行数据库设计，主要包括数据处理、数据质量控制及整合建库等工作。同时，还涉及三维模型数据库设计。此外，还需完成符号库建设和编码设计等工作。为了在空间查询和空间分析中能快速查询到三维空间对象，需建立高效的空间数据索引机制，可以选择具有灵活性很强的R树系列进行平台建设。

城市在运行过程中，各种基础物理设施和市民源源不断地产生各种信息，形成很多信息库和数据中心，通过交换共享，将它们打通，便形成了城市大数据。城市大数据的可采性和可融性对城市智能化发展具有广泛的影响。综合应用城市大数据和信息技术的智能分析、智能提取可能还会自动生成城市治理方案。然而，城市治理生态毕竟是一个复杂巨系统，不仅包含人口、资源、环境等因素，还包括包容、公平、正义、政府决策等，属于多因子评价系统。所以智能城市治理并不能完全代替人脑进行创新，但可以使人从繁重的调研、比较、数据分析、交通模拟中解脱出来，将更多的时间和精力用于创新。

数据信息融合研究可具体感知对象或事件在地下空间中的关联关系，对地下空间中蕴含的丰富感知源进行高效挖掘与选择，利用不同空间感知能力的互补性进行协作增强收集，提供多模态、多粒度感知数据，建立地下空间异构数据的统一表征。在此基础上，通过对数据的局部关联性和全局一致性进行建模，构建多元数据的关联信息的结构网络，进而支撑形成地下空间中的人-事-地知识图谱，即海量异构数据的管理。城市产生的数据属性差别很大，如气象是时序数据，兴趣点是空间点数据，道路是空间图数据，人的移动是轨迹数据（时间加空间），交通流量是流数据，社交网上用户发布的信息是文本或图像数据。如何管理和整合大规模的异构数据将是一个新的挑战，尤其是在一个应用中使用多种数据时，只有提前建立起不同数据之间的关联，才能使后面的数据分析和挖掘过程变得高效、可行。

构建在智能城市生命体基础上建立的各种应用系统，基于这些应用系统，智能城市生命体能够具备以下主要功能。这些功能是实现城市智能治理的基础。

（1）丰富的共享交换能力——基于统一的信息交换接口标准和数据交换协议，实现基础数据、业务数据、服务资源的整合和共享，建立多层次、跨区域、跨部门、跨领域的信息资源汇聚和共享协同机制。

（2）快速的系统集成能力——支持多种数据、协议、应用适配互联，可快速实现数据源、信息源及各种应用系统的无缝衔接，广泛深入地推进地下空间基础性与应用型信息系统开发建设和各类信息资源的开发利用。

（3）可靠的信息传输能力——提供高效可靠的分布式信息传递机制，满足不同子系统、不同应用间的传输场景，使信息可以在分布式环境下实现跨系统、跨平台、跨应用的可靠稳定通信。

（4）全面的资源管理能力——提供服务管理和服务规范化，并提供注册、编目、检索、版本管理等服务资源管理机制，以元数据管理为核心实现服务规范化，为权限内用户提供清晰的资源目录。

由此，智能城市生命体的建设实现从最初的简单视频监控、联网，到网络、高清、互通、相融合，再到系统平台、云服务、共享平台为核心的进化，这些都提升了城市发展规划、公共设施、公共服务、新兴业态的智能化水平。

（二）内在逻辑："知识工程"

1. 智能城市治理知识工程

自工业革命以来，科学技术对于经济发展的推动作用始终存在，其主导地位近年来越来越显著。联合国经济合作与发展组织（OECD）在1996年发表的《以知识为基础的经济》报告中首先提出了"知识经济"这一概念。根据这一报告，知识经济是指建立在知识和信息的生产、分配和使用基础上的经济。通常认为，知识经济的主要特征包括：以信息技术和网络建设为核心，以人力资本和技术创新为动力，以高新技术产业为支柱，以强大的科学研究为后盾。

知识经济的形成与发展，与信息化技术和手段有着密切的联系，知识传播的信息化大大缩短了从知识产生到知识应用的周期，更促进了知识对经济发展的作用。随着计算机和互联网的普及和广泛使用，信息革命深刻地改变着人类社会结构与生活方式，信息社会正在形成的过程之中。

党的十八大强调，要加强和创新社会管理，改进政府提供公共服务的方式。我国在城市智能化投资建设模式上也逐渐由以政府投资建设为主体转向以企业为主体，政府购买服务的投资建设模式。以政府为主导，企业为主体的政企合作共建发展模式才能真正实现城市智能化发展的持续性，才能激活城市智能化庞大的市场潜力，为市民、政府和企业带来经济效益与社会效益的双赢。各地方政府也积极转变思路，在城市智能化发展上寻求政企共建的合作运营模式，并配套出台了相关的政策。从整体趋势来看，政府在城市智能化当中的投资正逐渐减少，市场化的力量已成为城市智能化发展的主流。智能城市智能化运营服务领域将形成以企业为主体，打造大而全的、基于知识工程的综合治理服务平台。

从信息和通信技术（Information and Communication Technology，ICT）的角度讲，城市智能化的核心在于全方位采集城市生产、生活等各方面的数据，并对这些数据进行关联、集成、统计、分析，从而提高城市生产、管理、运营的智能化水平。推进城市智能化发展的核心是采用大数据思维和大数据技术，形成各类知识，统筹推进城市物理空间、人群和信息空间的信息化、智能化建设，破解条块化所造成的"信息鸿沟"界限，使得数据流、知识流能够自由流动，实现对城市物理设施的科学调配，并带动人流、物流、资金流、技术流的合理高效流动，有效解决城市发展与环境、资源、空间等之间的矛盾，逐步建成市民、企业和政府满意的智能城市。

智能城市治理知识工程是将城市众多物理设施运转所产生的数据和人群活动所产生的数据进行联通和融合后，采用数据处理和分析技术挖掘出各种复杂的关系，从中揭示出物理设施运转状态、产业与经济变化趋势及居民的健康、教育、科技、文化等方面的状态、关系和规律，而后通过城市生命体的治理范式实现对城市治理的工程。智能城市治理知识工程是治理城市的信息基础，更是智能城市治理生态的内在逻辑。

利用城市大数据形成知识，以构建智能城市治理知识工程的方式对城市发展模式、治理的探索和深入理解是增强对城市数据的分析、可视化、理解及对结构化和非结构化数据的解释，是实现城市资源的动态管理、城市发展模式及进程的知识发现和深度分析，以及市民的有效参与、城市的合理规划和政策的科学分析的必由之路。

2. 知识工程的逻辑体系

城市知识工程是指充分采集城市运行中产生海量结构化和非结构化的数据，汇聚到城市统一数据平台，形成城市基础数据库和综合知识库；通过海量数据、知识的关联、融合、清洗、处理、挖掘、分析等，获取智能的、反映客观规律的、有价值的数据信息，服务于城市政务、商业、城市管理服务等领域，提高城市决策辅助能力、洞察发现能力和流程优化能力；促进其他产业的转型升级，带动数据采集、数据分析、数据交易等大数据产业发展，加快城市信息化、智能化发展；集聚衡量城市知识工程建设成效和发展水平的指数，建设城市知识工程运维保障体系，确保城市知识工程稳定可靠运行。

学术界和工业界围绕着以“数据为中心的智能城市”这一主题展开了多层次、多视角、多方位的理论与技术探索，并取得了令人瞩目的研究成果。然而，构建和谐宜居的智能城市系统，实现人与环境、人与城市和谐发展的智能城市愿景，必须构建智能城市治理的知识工程，这将存在诸多挑战，这些挑战需要多学科、多领域的研究人员相互配合、凝聚智能、共同面对。在这里，我们对未来在以知识为中心的智能城市领域可能有所突破的研究方向和有待突破的研究问题进行列写。

1）汇聚多源城市数据的知识体

城市是一个庞大的复杂动态系统，其任何一方面的动态特性都会在不同的数据空间中有所体现。知识体是一定数据以特定逻辑组合形成的集合，是可解释数据的汇聚体。

城市的运行过程涵盖了交通、经济、社会、物流等多层次、多方面的社会活动。现有研究工作所采用的地图数据、交通数据、通信数据、环境数据等都只是反映了城市活动的物理与信息的交互，并且均是以地理位置坐标进行锚定标注的。现有的智能城市研究工作往往只能利用到城市数据空间中的部分数据，即使是多源数据融合的研究工作也往往是以某一类数据为核心，加之地图、POI等城市 GIS 锚定数据做支撑，例如，出租车 GPS 数据+地图、POI 数据等。对于一些必须构建在城市知识体基础上的深层次城市逻辑行为，例如，资金流动、政策导向、社会心理、流行时尚等，现有研究工作都少有涉及。

在当前城市多源数据的耦合度并不高，利用模式也相对单一的情况下，必须在城市数据上挖掘城市运行的内在逻辑关系，形成各类知识体，再通过知识工程的方式将其拓展成更宏观的知识，构建智能城市知识工程体系。如何充分挖掘城市核心数据的关联性，发掘多源数据之间的紧耦合形成知识体，将会是未来智能城市数据应用技术发展的必然趋势。

同时虚实结合的混合式系统也给知识工程的构建提供基础。城市计算常常催生混合系统，比如“云+端”模式，即信息产生在物理世界，通过终端设备被收集到云端（虚拟世界）分析和处理，最后云再将提取的知识作为服务提供给物理世界的终端用户。数据在物理和虚拟世界中来回穿行，从分散到集中，再到分散。设计的系统既需要应对上百万的用户，也需要跟成千上万的传感器通信。对不同数据源的同步、存储和更新对系统的设计和搭建提出了更高的挑战。

城市生命体的知识工程在各类静态的数据之上要形成“流”，必须考虑城市活力的提供因素，可以概括为“信息世界–物理世界的交互”和“城市行为动力学”两个方面。

2）信息世界–物理世界的交互

开展智能城市技术研究的根本目的是为了服务城市与市民，即将信息空间的智能应用到真实的物理世界当中。同时，应用了智能城市新技术的物理世界也会发生变化，并在信息空间中有所反映，研究人员还需要根据这些反馈进一步地改进技术。这种信息世界同物理世界的交互过程将不断地迭代进行，并且逐步实现自主演化，最终构成一个具有自我改进能力的智能城市生命体系统。目前，数据是各个传感器根据不同的设想采集而成的，不具备多面的解释性，就难以形成可以从多个侧面观察思考的实体，这为知识体的形成造成障碍，这背后的本质原因是传感器采集的数据难以承担“信息世界-物理世界的交互”的使命，只有知识体才能够完成这些要求，这背后是理性逻辑的作用。

3）城市行为动力学

城市行为动力学是理解城市内在行为与市民活动规律的基础理论，其在整个智能城市研究的理论体系当中扮演着非常重要的角色。目前的城市行为动力学理论研究，还只是依附于人类活动时空动力学的一个统计物理学分支，尚没有形成完整的理论体系，具体内涵与外延边界也尚不清晰。因此，未来完善和发展系统的城市行为动力学理论，构建完整独立的理论体系，将会是智能城市基础理论研究的核心任务。

城市知识工程系统分析需要由大量的经济、社会、行为、生物和物理原理等基本理论作为支撑，对复杂的相互作用、运动、交易、贸易、其他城市动态和扩散模式进行模拟。当前，一些城市模型主要是针对城市经济发展及基础设施规划和方案的评价；另外一些模型尝试对城市动态的经验性理解和理论城市概念的验证，并应用于城市相关部门的短期运营与管理。然而，城市大数据已变得与数据驱动的科学和建模紧密相关，是典型的经验驱动方法，无须社会、心理、经济和区域规划等城市研究理论框架的支持。数据驱动建模给城市研究带来了新的方法论，尤其是使用一些高度非结构化和多类型的大数据，通过自底向上的方法对城市系统进行理解和分析，在改进城市动态资源管理、知识发现、市民参与、城市规划和政策分析等方面具有重要意义。

3. 治理知识工程的构建

城市知识工程的构建涉及基础环境、网络平台、硬件设备、基础软件、信息系统、数据和安全等实施运行、维护、检修和更新，以实现城市大数据服务体系安全、高效、规范运行的要素之和，包括运维的机构、机制、平台、人才、资金、标准、模式等。

信息基础设施：包括物联网（传感网）、通信网（如宽带、移动、无线）和以互联网数据中心（Internet Data Center，IDC）为代表的智能信息技术（Information Technology，IT）承载平台。这一层为城市建立共享的对象标识、数据采集和传送、信息处理和存储的基础设施平台。其中物联网对各种城市资源进行标识和智能感知；通信网负责快速可靠、按需传送所采集到的数据；IDC中的各种应用平台则负责按照事先明确的逻辑进行信息处理、存储和应用展现。这一层各功能实体的工作目标明确，影响的范围有整体性特征，通常由电信运营商和专业公司在政府的统一指导下进行建设和运营。

流程内容创新：以城市管理信息化建设为载体，着眼信息化城市管理与服务重塑，面向智能城市发展需求，整合数据信息资源，强化感知，重塑流程，优化服务，支撑决策，以信息技术为依托实现规划、建设、运行一体，决策、执行、监督协力，政府、企业、市民互动，并通过智能感知、无线技术、泛在网络的广泛应用做到城市管理与服务信息化、标准化、精细化、社会化、动态化、智能化，使城市运行科学、高效、充分、有序，推动公共管理与服务创新，实现城市管理信息化向信息化城市管理乃至智能治理的嬗变。[1]

在建设模式方面，德国采取的是在开放平台上全民参与的管理模式。在德国，没有专门负责城市智能化的机构，也没有专为城市智能化设立的政府资金。能源、交通、住房等各个政府部门都有不同的项目资金投入在各个领域，而根据项目主体的不同，资金来源的可能渠道包括私有企业投资、银行贷款担保，也包括从地方到联邦，甚至是欧盟政府层面的能源补贴等。

在日本，则充分发挥企业的作用，多方合作，形成合力，推动城市智能化的进程。例如，“智能化高速公路”的设想就是由日本最大的汽车生产商丰田公司率先提出的。松下公司也提出利用光纤技术武装城市，推动实现智能家庭、智能学校、智能医院等。韩国城市智能化建设同样是以政府为主导和推进，以企业共建为主的建设模式，并鼓励企业创新智能服务和应用。[2]

印度鼓励公私合作，积极吸纳金融公司和IT服务企业参与建设，并积极向

1 张婷，中国智能建筑行业技术创新大会暨创新评选活动颁奖典礼在沪举行，《智能建筑与智慧城市》，2016年。

2 杨晓蔚，德国智慧城市，有多智慧？《中国生态文明》，2018年。

美国、英国、日本、韩国等国寻求帮助，合作共建印度智能城市。美国表示将在污染治理方面为印度城市智能化发展提供帮助，英国承诺在基础设施建设、融资等方面为印度的浦那、印多尔和阿姆劳蒂三座城市提供帮助，日本表示将在其擅长的基础设施建设和灾害防治等方面提供援助，韩国则建议印度在改造城市时，重点应关注涉及当地社区和利益群体的技术使用和规划。[1]

我国前期的城市智能化发展以基础设施建设为主，为城市智能化发展搭建了良好的基础保障，但从系统的协同性和整体的运行效果来看，前期的城市智能化发展普遍存在设计分散、各自运营的特点。比如，公安部门负责建设智能安防系统、卫生部门负责智能医疗系统的建设、交通部门负责智能交通系统的建设等，各个系统之间由于技术、标准及管理机制等问题，难以形成协调互通、高效互联的运行整体，使城市智能化发展的效果大打折扣。

从城市治理的一个重要主体——政府来讲，政府大数据资源集聚以形成知识工程为目标，统筹规划政府大数据资源池的建设，实现政务数据资源共享与开放云服务，鼓励多种发展模式共存，促进资源与平台良性发展。相关主要内容如下：

一是完善相关制度和法规，明确政务数据资源共享内容、范围边界和使用方式，明确数据资源开放标准，理清各部门数据资源管理及共享、开放义务和权利，确立政府大数据资源向社会开放制度和开放机制。

二是整合政务部门各类共享数据资源，建成统一的政务数据共享资源知识工程，形成统一的政务数据共享目录体系和共享应用体系。落实公共机构数据开放制度和计划，实行数据资源统一汇聚和集中向社会开放。加快各地区、各部门、各有关企事业单位及社会组织信用信息系统的互联互通和信息共享，丰富面向公众的信用信息服务。

三是按先易后难的次序，在保障信息安全的前提下，率先推进人口基础信息库、法人单位信息资源库、自然资源和空间地理基础信息库等基础数据资源共通共享，筑建统一标准的智能城市治理知识工程。优先推动信用、交通、医疗、卫生、就业、社保、地理、文化、教育、科技、资源、农业、环境、安监、

---

1 印度首批“智慧城市”增至33座，中国信息产业网-人民邮电报，2016-06-15，https://www.163.com/news/article/BPJGT3N600014AED.html。

金融、质量、统计、气象、海洋、企业登记监管等民生保障服务相关领域的政务数据集向社会开放。

四是建立智能城市治理知识工程规范的大数据资源生成和采集机制，开辟数据资源采集渠道，以行政依法获取、企业自愿提供、网络专业抓取、定向有偿购买、传感自动收集等方式建立自动、精准、实时的大数据资源采集渠道，形成较完善的部门、行业数据资源库。

五是采用政府和社会资本合作（Public-Private Partnership，PPP）、建设-经营-转让（Build-Operate-Transfer，BOT）等模式，鼓励社会参与智能城市治理知识工程的建设和运行，鼓励企业、行业和事业单位开放数据。

（三）外在形态：“技术-产品-产业”

1. 信息技术

技术是人类在认识改造自然过程中，为实现各种需要而创造发展起来的具有实用性价值的经验、知识、方法和技巧的总称，是人类制作使用外物、改变或控制环境过程中的一切方法和手段。

智能城市背后的主要技术主要涵盖以下内容。

信息和通信技术（Information and Communication Technology，ICT），是一种涵盖性术语，覆盖了所有通信设备或应用软件及与之相关的各种服务和应用软件，ICT 连接许多设备的网络，并充当某些服务的居民和消费者与城市管理部门之间的桥梁。

物联网（Internet of Things，IoT），指通过信息传感器、射频识别、全球定位系统、红外感应器、激光扫描器等各种装置与技术，实时采集任何需要监控、连接、互动的物体或过程，包括声、光、热、电、力学、化学、生物、位置等各种需要的信息，通过各类可能的网络接入，实现物与物、物与人的泛在连接，实现对物品和过程的智能化感知、识别和管理。物联网是一个基于互联网、传统电信网等的信息承载体，它让所有能够被独立寻址的普通物理对象都形成互联互通的网络。物联网负责将不同的设备和传感器组合在一起，以通过传感器传输所需的信号并考虑所需的场景。

地理空间技术（Geographic Information Technology，GIT）是在计算机硬件、

软件系统支持下，对整个或部分地球表层（包括大气层）空间中的有关地理分布数据进行采集、储存、管理、处理、分析、显示和描述的技术增强智能城市功能的另一项技术。

数字孪生技术（Digital Twin Technology）充分利用物理模型、传感器更新、运行历史等数据，集成多学科、多物理量、多尺度、多概率的仿真过程，在虚拟空间中完成映射，从而反映相对应的实体装备的全生命周期过程。数字孪生是一种超越现实的概念，可以被视为一个或多个重要的、彼此依赖的装备系统的数字映射系统。

人工智能（Artificial Intelligence，AI）是研究、开发用于模拟、延伸和扩展人的智能的理论、方法、技术及应用系统的一门新技术科学。人工智能的核心是算法。对于智能城市，各种传感器会收集数据并通过人工智能算法将其泵送以查找模式。从数据中收集的所有见解都可以用于允许机器模仿人类。简而言之，人工智能有助于理解智能城市中设备生成的大量数据，形成知识并应用于治理。

当然还有更多的新技术，未来的智能城市治理相关的技术必定是基于信息的、各类深化的、拓展的技术。因为“信息”一词体现的是人对宇宙中感知到的存在进行“命名”、“梳理”的过程及结果，人类通过“信息化”宇宙来认识、适应、改造宇宙。信息关联着一切事物和整个宇宙，信息是事物普遍联系的方式。我们研究处理的不是物理对象自身，而是来自这些对象和关于这些对象的信息。信息技术是人类在信息获取过程、信息传递过程、信息处理（认知）过程、信息再生（决策）过程、信息执行等过程中发现、发明或需要的技术。

信息时代始于计算机、因特网等信息技术及产品，然后形成信息产业，再拓展到与其他行业融合，从“+互联网”到“互联网+”，信息产业越来越成为未来发展的关键角色，国家发展系于信息发展，人类对地球甚至宇宙的信息化过程将成为未来信息技术的主要方向。

从微观角度来看，信息技术的核心技术包括“基础技术、通用技术”、“非对称技术”、“杀手锏技术”及“前沿技术、颠覆性技术”。这些核心技术的主要特点就是促进人类认知的互联互通，促进宇宙万物的互联互通，促进既有各类技术的互联互通……这些核心技术构成了未来生态体系的基础。

从中观角度来看，数据、信息及网络本身成为最重要的生产性要素，相关的技术应用由此决定并改变了整个社会分工、产品定价、市场结构等变化。以专业化分工为基础的、适应工业社会大规模生产的层级组织结构形式正在被突破，更多体现为网络化、柔性化的状态，更加互联互通的产业市场应是最主要的特征。

从宏观角度来看，信息技术的发展趋势是促进万事万物互联互通程度加大，主要表现为两个极端：从极大到极小。第一，网络极大化，宏观宇宙越来越大，没有界限，以梅特卡夫定律为代表的网络定律阐释了网络的巨大价值；第二，节点极小化，微观世界越来越小，界限模糊，从电子到中微子，甚至是暗物质都可以是网络节点。从摩尔定律到突破摩尔定律，甚至出现新的定律。

以智能城市的本质：赛博空间、物理空间和人类精神空间（Cyber-Physics-Human，CPH）三元空间来看，赛博空间和物理空间统一于信息，它们是“空间”概念的一体两面，是不可分割的，“空间”被感知、控制的基础则是“空间”被人的意识“信息化”。在宇宙这个巨大的信息处理体系里，不管物理场景的位置在哪里（实体空间或网络空间），每个物理场景都会发生信息的流动、产生信息并向环境（包括人）传递信息，信息是融合虚实空间的核心甚至是全部的内容要素。在虚拟空间中，信息是意识的承载基础；在实体空间中，信息是客观实在（物质、能量）的秩序表征。因此，信息是贯穿“物质、能量、意识”的核心，是融合虚实空间的核心驱动力。

未来的信息技术必将不断从前沿基础研究向宏观拓展、微观深入和极端条件方向交叉融合发展。随着观测技术手段的不断进步，人类对宇宙起源和演化、人脑与意识、暗物质与暗能量、微观物质结构、极端条件下的奇异物理现象、复杂系统等的认知将越来越深入，把人类对客观世界与主观世界的基本认知提升到前所未有的新高度。这些认识成果的集中表现形式便是信息技术的高度发展。智能城市治理生态也必将在此认知基础上实现本质性的突破。

2. 产品互联

1）传感器

关于传感器的概念，国家标准 GB7665—1987 是这样定义的：“能感受规定的被测量并按照一定的规律转换成可用信号的器件或装置，通常由敏感元件和转换元件组成”。也就是说，传感器是一种检测装置，能感受到被测量的信息，并能将检测感受到的信息，按一定规律变换成为电信号或其他所需形式的信息输出，以满足信息的传输、处理、存储、显示、记录和控制等要求。它是实现自动检测和自动控制的首要环节。如 RFID（射频识别传感器）是常用的一种传感器，主要包括感应式电子晶片或近接卡、感应卡、非接触卡、电子标签、电子条码等。RFID 系统一般由电子标签（Tag）、读/写器（Reader）和计算机网络及数据处理系统（也称“RFID 中间件”或“应用软件”）三大部分组成。

目前，传感技术已广泛应用于日常生活、工业生产、和军事等各个领域。传感器是构成信息物理系统的基础单元，是信息物理系统获取相关数据信息的来源。具体来说，信息物理系统中人与物理环境状态的改变需要一个元器件来进行感知，尤其是当特定的状态发生变化时，需要传感器能够迅速察觉、识别，并且能及时地向其他的元器件发出相应的信号，用来告知状态的变化。

智能传感器是具有感知、计算、控制、通信、决策等功能的传感器。智能传感器属于人工智能的神经末梢，用于全面感知外界环境。各类传感器的大规模部署和应用为实现人工智能创造了不可或缺的条件。不同应用场景，如智能安防、智能家居、智能医疗等对传感器应用提出了不同的要求。

单个智能传感器是一个单元级信息物理系统（Cyber-Physical Systems，CPS），是具有不可分割性的 CPS 最小单元，其本质是通过软件对物理实体及环境进行状态感知、计算分析，并最终控制到物理实体，构建最基本的数据自动流动的闭环，形成物理世界和信息世界的融合交互。同时，为了与外界进行交互，单元级 CPS 应具有通信功能。单元级 CPS 是具备可感知、可计算、可交互、可延展、自决策功能的 CPS 最小单元，一个智能部件、一个工业机器人或一个智能机床都可能是一个 CPS 最小单元（图 4-2）。

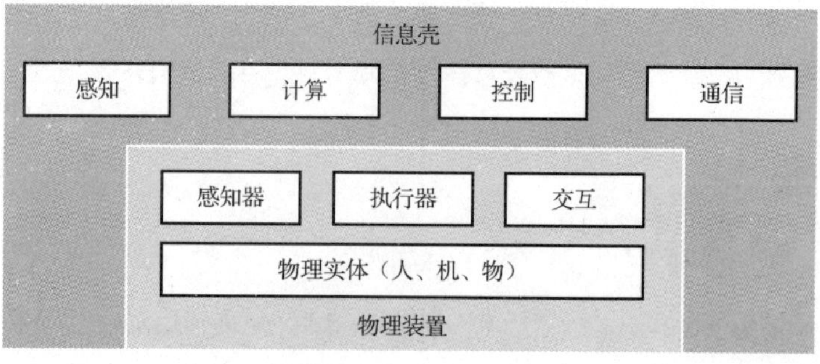

图 4-2　智能传感器——单元级 CPS

智能传感器信息壳主要包括感知、计算、控制和通信等功能，是物理世界中物理装置与信息世界之间交互的接口。物理装置通过信息壳实现物理实体的“数字化”，信息世界可以通过信息壳对物理实体“以虚控实”。信息壳是物理装置对外进行信息交互的桥梁，通过信息壳使得物理装置与信息世界联系在一起，使物理空间和信息空间走向融合。

智能传感器的物理装置主要包括人、机、物等物理实体和感知器、执行器、与外界进行交互的装置等，是物理过程的实际操作部分。物理装置通过传感器能够监测、感知外界的信号、物理条件（如光、热）或化学组成（如烟雾）等，同时经过执行器能够接收控制指令并对物理实体施加控制作用。

智能传感器网络化的实现，在接入技术上，主要通过有线网络，例如，现场总线技术和工业以太网技术，以及无线网络和基于有线或无线网络形成的柔性灵活的工厂网络；从网络类型来分，既有各种智能设备组成的专用协议局域网，也有基于通用 TCP/IP 的公共互联网。

2）网络

城市网络的重要呈现形式是通信信息网络，这是智能城市的基础设施，它体现了城市中各类要素的互联互通。数据的重要性不言而喻，正如人类通过食物得到能量，人工智能也不能在没有稳定的数据来源的情况下运行。这些系统必须依据大量的数据，以供它们“训练”，不断改进和完善产出的结果。

在治理知识工程中，所有的数据流，例如，从传感器上报的信息流、向执行器下发的决策流、完成设备管理的管理流等，都是由网络传输通信技术来承载的。概括起来，网络传输通信技术需要承载以下几类数据流：

- 传感器/执行器：智能设备之间的通信，发生在临近网络（Proximity Network），与其在信息空间中映射的数字实体之间交互的数据流。
- 传感器/执行器：与其在信息空间中映射的数字实体之间的通信，发生在接入网络（Access Network）等智能设备之间，彼此直接交互的数据流。
- 信息空间中，不同数字实体之间交互的数据流。
- 传感器系统与上层业务应用之间交互的数据流。
- 传感器系统与其他信息物理系统之间交互的数据流。

因此，传感器系统中的通信功能必须支持各种模式，即传感器系统可以是单个的系统，也可以是高度网络化的系统群；传感器系统可能采用遗留的传统协议，也可能采用新型的对象交互协议；可以是功耗受限的，也可以是资源非受限的。

国家信息中心在 2020 年 11 月发布的《全光智慧城市白皮书》指出，全光智慧城市的核心是构建城市“1ms”时延圈，实现确定性的网络连接。目前，我国智慧城市建设正在融入越来越多的科技新元素，新技术正在重新定义城市，万物互联成为智慧城市的发展趋势，第五代固定网络（The 5th generation Fixed networks，F5G）将赋能智慧城市开启全光时代。

概括来讲，智能城市的互联互通具有以下几个特点。

一是智能的连接化，即智能城市将加速信息网络空间与实体空间的结合，并融合数字孪生构建一个立体化的城市载体，连接城市中的每个人、每个家庭、每个组织，构建“光联万物”的新时代。

二是连接的智能化，指通过更高品质的连接打通和解决数据关联性被割裂的问题，基于连接支撑城市数据的融合，实现城市智能化能力的提升，已经成为智能城市发展的主流趋势。

3. 产业迭代

技术进步和应用创新的双螺旋演进催生了技术创新。技术创新体系不仅需要高新技术园区、企业联盟等技术进步方面的制度设计，通过资金、技术、人才等创新要素的集聚孵化高新技术、高新企业；也同样需要应用创新园区、Living Lab 等面向应用创新的制度设计，通过用户、需求的集聚与互动孵化新的应用，以用户需求带动科技进步与经济社会发展。

智能城市治理的探索，通过用户的集聚、需求的集聚，以及各创新主体、创新要素的互动，推动面向城市居民需求的实现；通过“知识工程”的建设谋求科学研究、技术创新与教育培训、科学传播的融合，谋求需求与技术的对接，谋求科技发展与社会发展的耦合；通过技术进步与应用创新的技术双螺旋驱动，构建一个高效的有利于创新涌现的创新生态。[1]

我国前期的城市智能化发展主要依赖政府来推动和投资建设，虽然互联网

---

1 张婷，中国智能建筑行业技术创新大会暨创新评选活动颁奖典礼在沪举行，《智能建筑与智慧城市》，2016 年。

公司与多个城市在城市智能化发展上展开了战略合作，但整体来看，我国城市智能化发展的市场优势和力量尚未得到充分发挥，缺乏吸引社会资本进入的多方参与合作机制和平台，虽然 PPP、BOT 等模式已经被广泛使用，但以政府投入为先导、企业投入为主体的多元建设和产业生态尚未形成。

城市智能化发展初期，由于存在着盲目跟风建设的问题，很多城市智能化发展多由政府投资和主导，在信息平台、数据库、智能交通、平安城市等基础设施的资金投资较大，建设后的运维费用巨大，导致很多建设中途搁置或不能正常发挥功效。缺乏多元化的运营模式，城市智能化发展效果难以显现和持续。如果延续现有模式，我国城市智能化的投资总规模在未来十年或将超过 2 万亿元。而且，随着技术和产品的不断更新，其投资规模还将持续扩大。这不仅会加大地方政府的财政压力，也不利于实现市场在配置资源中的决定性作用和更好发挥政府作用。

城市智能化发展与产业发展不匹配，尚未形成良好的产业生态环境。例如，城市智能化发展可以为电子信息产业、服务产业带来新的发展模式、发展领域和发展契机。从我国城市智能化与产业发展应用的匹配度来看，尚未形成良性的互动。城市智能化发展在交通、医疗、安全等领域的应用相对较好，催生了相关产业的创新和发展，但在其他应用的广度、深度和效果上有所欠缺，对产业发展的带动作用不均衡、不明显。即使是在相对较为成熟的安全领域来看，我国智能安防产业的发展尚未形成完备的产业链条，产业发展优势和动力不足。

实践证明，在资金、技术、人才、服务、基础设施等诸多要素都受到制约的前提下，政府若既抓管理又管运营，将极易导致城市发展财政不足、可持续发展能力低、管理效率低下等诸多问题，要想确保城市智能化发展运营具有可持续性，就必须摒弃政府部门大包大揽的传统观念，引进更多的社会力量一起参与、共同推进，采用联合建设运营的多元化发展模式。由政府购买服务，鼓励社会资本投入，委托专业公司运营，或可有效地解决建设和运营维护中的诸多难题。

因此，应该探索以政府为主导，以企业为主体的城市智能化发展模式，推动公共资源的开发和利用，支持市场应用资源来开拓创新，发展便民、惠民的智能服务新领域和新模式，加速政府与市场在城市智能化上的合作共建，带动相关产业发展，走出一条城市建设与产业融合发展的道路，以城市智能化发展带动产业升级，通过产业升级促进城市智能化发展向更高层次迈进，逐步形成全面感知、广泛互联的智能城市治理生态。

（四）有限平衡：自治能力

1. 自治能力概述

城市生命体自行治理能力（自治能力）是各个子系统为了实现本系统平衡的目标转化为现实的能力，其形成的基础可使各个子系统的“节点-网络-流”有序地进行。

根据智能城市生命体的“点-网-子系统-智能城市生命体”的层级构建关系，可以概括出以下10种主要自治能力，这些能力分别被十大子系统所拥有，其中节点和网络均具有防御能力和恢复能力，具体见表4-1。

表4-1　智能城市生命体拥有的10种自治能力及流的4种类别

智能生命体	自治能力	能力内容
节点	指挥控制能力	治理指令的发出、评估和反馈
	监测能力	自动监测、定向监测
	防御能力	自动防御、隐身躲避、备份
	供给能力	资源/能源的生产、调配
	生产能力	物品生产、物品调配
	恢复能力	自动恢复、整合资源
	救护能力	医疗救护、消防及应急恢复
	攻击能力	干扰、迷惑、跟踪、控制、拦截、击毁、驱离
网络	通信能力	通信链路的“通”“断”、通信链路流通量
	防御能力	网络加固、备份
	恢复能力	网络自修复、网络自组织路由
	调度能力	物品运输、能源/水运输
流	人/客流	人流、车流，以及飞机航运、火车流
	能源流	水流、石油/天然气流、大气流
	电流	变电流、汇集电流（社区太阳能等逆向反馈）
	信息流	上行信息流（传感器收集） 下行信息流（指控中心发出）

以上几种自治能力的介绍如下：

1）指挥控制能力

节点的指挥控制能力是指相关指控信息（主要包括指令和反馈信息）发送和接收的能力。由于城市的治理体系是由多级节点连接而成的网络，所以节点的指挥控制能力可表示为本节点向（上/下/同级）相邻节点传递（包括发送和接收）指控信息的能力。

指挥控制信息一般包括治理的指令和反馈信息，信息量通常不大，但对实时性要求较高。因此，本例使用指挥控制通道的“通”“断”来描述其指挥控制能力。城市治理过程中，当节点生命值下降时，其指挥控制能力也会发生一定程度的下降。包括其对下级节点的指挥控制能力和接受上级节点指控的能力。

2）监测能力

监测能力是指对本节点相关运行状态的信息获取能力，主要包括:

- 对节点生命值的监测能力是否能够实时获取节点当前生命值；
- 对节点相关“流”运行状态的监测能力是否能够实时获取流经本节点的人/客流、能源流、电流、信息流的状态。在城市治理过程中，节点生命值的下降可能会导致其失去部分或全部监测能力，但由于监测能力对节点生命值的依赖程度较低，即对生命值变化的敏感度并不高。

3）防御能力

节点的防御能力是指该节点的抗火力打击和非火力打击的能力。防御能力的特点如下：

- 每一种火力打击手段都有一个标准杀伤值，防御能力反映了对于该打击手段标准杀伤值减弱的程度；
- 每一种非火力攻击手段都有对节点某项特定能力的标准杀伤效果，防御能力反映了对于该打击手段标准杀伤值减弱的程度。

4）供给能力

节点的供给能力是指该节点作为资源提供方，对外输出资源的能力，可用总供给量和峰值供给量表示。节点的供给能力对于节点生命值存在一定的依赖关系。在节点生命值下降的情况下，其供给能力也会发生一定程度的下降。

城市生命体中，涉及攻击能力的主要包括能源、水、大气子系统等。以能源子系统发电厂节点为例进行说明如下：

- 总供给量：以某一时间段为单位（年、月、回合），最大的总发电量来描述，以千瓦时或兆瓦时为单位；
- 峰值供给量：全负荷工作时，一天或若干小时内的最大发电量，同样以千瓦时或兆瓦时为单位。

5）生产能力

节点的生产能力是指节点进行特定物品、资料的生产，或者提供某种服务的能力。通常，生产能力可以用单位时间内物品的生产量来描述。一般只统计关键物品和货物，例如，粮食、军事物资等。节点的生产能力，对于节点生命值存在一定的依赖关系。在节点生命值下降的情况下，其生产能力也会发生一定程度的下降。

6）恢复能力

节点的恢复能力是指本节点自动整合资源，恢复设计状态的能力。由于前述各单项能力可表示为生命值和“流”状态的函数，故该恢复能力仅展现对于生命值的恢复能力。城市治理过程中，当节点生命值下降时，其自身恢复能力也会发生一定程度的下降，包括恢复能力顶值（天花板）的下降、基准恢复时间的增加和基准恢复速度的下降。

对节点生命值的恢复能力，可以用恢复速度和恢复量约束两项指标来描述。

- 恢复速度：节点生命值受损之后，在没有外界干预的情况下，自动整合资源进行生命值恢复的速度，可用每小时恢复生命值的百分比来表示（完整生命值的百分比）。
- 恢复量约束：节点生命值受损后，随着生命值的下降，其恢复能力将受到一定影响，主要体现在生命值的下降将对最大恢复量造成约束。

7）救护能力

节点的救护能力，主要包括应急恢复、消防和医疗救护等方面的能力，现分别进行讨论。

- 应急恢复能力：城市治理过程中，部分节点受损生命值下降之后，除了部分节点自身具备恢复能力，能够对生命值进行恢复之外，安防救护子系统的节点也具有对其覆盖范围内的其他节点进行辅助修复，恢复其生命值的能力。

应急恢复能力可针对多种不同类型的目标节点，故其能力值设计成单位时间内生命值恢复量的形式。同时，考虑不同节点的恢复难度不同，应急恢复能力的量值也有所区别。

- 消防能力：城市治理过程中，节点收到攻击，除了造成生命值下降之外，还有可能引发火灾、污染等公共事件。消防能力是指在该节点执行消防任务能够覆盖的区域内，完成消防任务，消除（单个）火情（或消除污染等）所需的时间。
- 医疗救护能力：城市医疗救护能力的好坏，将直接影响城市生命体的决策意志能力。医疗救护能力可以用覆盖范围、伤病人员最大处理量和峰值处理量三个指标来描述。

8）攻击能力

节点的攻击能力，包括军事防护子系统节点对警戒范围内目标的攻击能力，以及意志决策子系统节点对其影响范围内目标进行攻击的能力。

例如，决策意志系统节点的攻击能力，可以用攻击范围和攻击效果两项指标来描述。其中攻击范围是指该种非火力攻击手段的有效作用范围，攻击效果是指该种非火力攻击手段在有效作用范围内造成民意指数上升或下降的程度，以及效果随时间衰减的情况。对于军事防护系统节点而言，攻击能力是指在一定范围内（通常军事防护设施会有一定的火力覆盖范围），对目标进行打击，使其生命值下降的能力。可以用火力覆盖范围和攻击效果两项指标来描述。其中火力覆盖范围是指该军事防护节点的火力打击手段能够覆盖的范围，攻击效果是指该种火力打击手段在有效范围内造成目标生命值下降的程度。

9）通信能力

通信能力是指本节点通过通信网络进行数据传输的能力，受节点和网络状态的共同制约。初始时刻，我们认为节点与网络正常运转，此时通信能力即为设计能力。节点的通信能力，对于节点生命值存在一定的依赖关系。但作为核心能力，通信能力应受到重点保护，并且在设计时已充分考虑了减少对节点生命值的依赖程度问题。

10）调度能力

节点的调度能力是指节点将人或货物在节点与不同线路间转移的能力，即节点与不同线路间人/客流或货物流交互的吞吐能力。包括：

- 人/客流调度能力。从量化衡量的角度来看，节点对相邻节点（上/下/同级）人/客流的吞吐能力，可以用每小时吞吐人/客数量表示。
- 货物流调度能力。从量化衡量的角度来看，节点对相邻节点（上/下/同级）货物流的吞吐能力，可以用每小时吞吐货物数量表示。

对于智能城市生命体中各个子系统的"节点-网络-流-能力"之间的关系，很容易建立对应关系，在枚举各个子系统重要节点和主要网络的情况下，将该子系统的最主要能力放在前面（见表 4-2 黑体），整个流程呈现流程性的级联关系。

表 4-2　智能城市生命体各个子系统的"节点-网络-流-能力"之间的关系梳理

子系统	关键节点	网络	流	自治能力
决策意志系统	政府中心 （市政府、区政府） 新闻机构	行政网络 媒体网络 军事指挥网络	信息流、电流、水流	**指挥控制能力** 监测能力 防御能力 攻击能力
智能信息系统	通信基站 数据信息中心	有线网、无线网	信息流、电流、水流	**通信能力** 监测能力 防御能力 恢复能力
能源系统	电厂 输配变电站	输电线	信息流、电流、水流	**供给能力** 监测能力 调度能力 防御能力 恢复能力
水资源系统	水厂	输配水管	信息流、电流、水流	**供给能力** 监测能力 调度能力 防御能力 恢复能力

续表

子系统	关键节点	网络	流	自治能力
大气环境系统	大气污染源 大气监测点 紧急处置点	城市风道 监管网络	城市大气流 设施内部空气流 信息流	**供给能力** 监测能力 调度能力 防御能力 恢复能力
交通及基础设施系统	机场	航空线	客流、货流、电流、信息流、水流	**调度能力** 监测能力 防御能力 恢复能力
	火车站、轨道 交通枢纽中心	轨道交通线 （铁路、地铁线）		
	客运站	公路		
生产系统	工厂	生产系统网络	客流、货流、电流、信息流、水流	**生产能力** 调度能力 恢复能力 监测能力 防御能力
	工厂研发中心	研发系统信息网络	信息流、电流、水流	
	金融中心	金融系统网络	信息流、电流、水流	
	商业中心（市级、区级）	商业系统网络	信息流、电流、水流	
生活系统	民居	民用信息网络 自来水网络 电网	客流、货流、信息流、电流、水流	**恢复能力** 监测能力 防御能力 调度能力
安防救护系统	公安机构	公安系统网络	信息流、电流、水流	**救护能力** 监测能力 调度能力 防御能力 恢复能力
	消防机构	消防系统网络	信息流、电流、水流	
	医卫机构	医疗系统网络	信息流、电流、水流	
军事防护系统	军事指挥中心 军营 其他	军用信息网络 军用电网	信息流、电流、水流	**指挥控制能力** 监测能力 防御能力 攻击能力

2. 节点的自治能力

1）一般节点损害/自治

对于一般节点的损害，往往应用于不确定的具体子系统节点的精确损害，其损害的目标如下。

- 目标失能：以全部或部分节点失能为损害目标，直接损害全部或部分节点。
- 环境失能：以节点引发的子系统甚至城市生命体系统失能为目标，直接损害全部或部分节点，使这些节点失能甚至摧毁。
- 物理损害：以全部或部分节点的物理性破坏甚至摧毁为损害目标，直接损害全部或部分节点。

在具体的城市生命体自治能力评估中，节点的损害效果可以比较容易获得，但损害这些节点引发的子系统失能，甚至城市生命体失能及损害却需要根据城市生命体自治能力体系的角度来看，因为单个节点或节点群再也不是孤立的，它们的体系价值更加重要。

对于城市中典型的节点，如能源、信息、交通等领域的节点自治能力受到损害的原因分析见表 4-3。

表 4-3　智能城市生命体中一般节点自治能力的损害原因分析

智能生命体	损 害 范 围	损害原因：引发子系统各类流量减少，继而引发失能	
		节点失能（目标失能）	引发系统失能（环境失能）
节点	主要节点/大部分节点	微气候工程 媒体战	赛博损害（如网络病毒） 石墨炸弹
	核心节点/部分节点	赛博损害（如木马、DDOS 分布式拒绝服务损害） 精确损害（如电磁炮、干扰机、干扰弹、定向能造成的损害） 毒气释放、污染物投放 间谍/刺客损害	精确损害大坝、发电厂 加油站、交通站点

2）能源节点损害/自治

对于能源系统的节点脆弱性分析，主要体现在以下方面。

（1）重要性。

发电厂、变电站、储油站、储气站、油田等关键能源系统节点的战略地位重要，目标明显，是损害的高价值对象。

（2）关联性。

现代城市的能源输送架构复杂、关联性强，对不同节点的破坏易传至周边地区，如燃气能源容易燃烧、爆炸，引发大规模火灾。

智能城市生命体中能源节点自治能力的损害原因分析见表 4-4。

表 4-4　智能城市生命体中能源节点自治能力的损害原因分析

节点失能	能源节点	失能、损害手段	失能自治手段
能源系统	发电厂	无人机 石墨炸弹 赛博手段 微小型炸弹	无人机 切断节点联网线 综合防火、灭火体系
	变电站		
	分布式社区产能点		
	变电站、储油站、储气站、油田		

当然，对于智能城市生命体中能源节点自治能力的损害范围和程度也需进行定性分析（表 4-5），以此为系统恢复弹性做好预案，从而防护好相关能力最主要的依赖节点。

表 4-5　智能城市生命体中能源节点自治能力的损害情况分析

系统失能	子系统节点	对应能力	损害节点范围	损害节点程度
能源系统	发电厂 变电站 分布式社区产能点 变电站、储油站、储气站、油田	供给能力	主要供给节点	损伤/击毁
		监测能力	主要/大面积监控头	损伤/击毁
		调度能力	主要/大面积调度中心节点	损伤/击毁
		自治能力	无	无

3）信息节点损害/自治

对于智能信息系统的节点脆弱性分析，主要体现在以下方面。

（1）重要性。

感知、监测节点、通信基站、数据中心、指挥处理中心构成了智能信息系统的节点部分。智能信息系统的天然一体联通性、高度关联性决定了这些节点的重要战略地位，即只要攻破一个节点，就有可能实现全网瘫痪，是损害的高价值对象。

（2）关联性。

智能信息系统的天然一体联通性、高度关联性决定了这些节点的重要战略地位，只要攻破一个节点，就有可能实现全网瘫痪，且智能城市对智能信息高度依赖，其他子系统也具有自己的信息网络且均连接到智能信息系统。

智能城市生命体中信息节点自治能力的损害原因分析见表4-6。

表4-6　智能城市生命体中信息节点自治能力的损害原因分析

节点失能	智能信息节点	失能、损害手段	失能自治手段	其　他
智能信息系统	感知、监测节点 通信基站 数据中心 指挥处理中心	无人机 石墨炸弹 病毒、木马 微小型导弹 电磁干扰/电磁弹	无人机 赛博对抗 切断节点联网线 综合防火、灭火体系	赛博域的损害具有全网性，击破一点将使全网瘫痪

当然，对于智能城市生命体中信息节点自治能力的损害范围和程度也需进行定性的分析（表4-7），以此为系统恢复弹性做好预案，从而防护好相关能力的依赖节点。

表4-7　智能城市生命体中信息节点自治能力的损害情况分析

系统失能	子系统节点	对应能力	损害节点范围	损害节点程度
智能信息系统	感知、监测节点 通信基站 数据中心 通信指挥处理中心	通信能力	主要面积/大面积信息通信节点	干扰/失能/击毁
		监测能力	主要监控头/大面积监控头	干扰/失能/击毁
		自治能力	无	无
		恢复能力	主要面积/大面积信息通信节点	干扰/失能/击毁

4）交通节点损害/自治

对于交通基础设施系统的节点脆弱性分析，主要体现在以下方面。

（1）重要性。

公交枢纽站点、铁路客货运站、港口、长途客运站、货运站、航空港（通用机场、公务机场、军用机场）、地铁、轻轨等轨道交通站点、停车场库、道路交叉口等关键能源系统节点的战略地位重要，目标明显，是损害的高价值对象。

（2）关联性。

现代城市的交通基础设施架构复杂、关联性强，对不同节点的破坏易传至周边地区，对系统中关键节点的损害往往会引起区域或整体交通网络的破坏，因此在自治中往往优先被损害。

智能城市生命体中交通节点自治能力的损害原因分析见表 4-8。

表 4-8　智能城市生命体中交通节点自治能力的损害原因分析

节点失能	能源节点	失能、损害手段	失能自治手段
交通基础设施系统	公交枢纽站点	无人机 石墨炸弹 微小型炸弹 汽车炸弹 电磁干扰	无人机、反干扰机 切断节点联网线 综合防火、灭火体系
	铁路客货运站、港口		
	长途客、货运站		
	航空港		
	地铁、轻轨等轨道交通站点		
	停车场库、道路交叉口		

当然，对于智能城市生命体中交通节点自治能力的损害范围和程度也需进行定性的分析（表 4-9），以此为系统恢复弹性做好预案，从而防护好相关能力的主要依赖节点。

表 4-9　智能城市生命体中交通节点自治能力的损害情况分析

系统失能	子系统节点	对应能力	损害节点范围	损害节点程度
交通基础设施系统	公交枢纽站点 铁路客货运站、港口 长途客、货运站 航空港（包括通用机场、公务机场、军用机场） 地铁、轻轨等轨道交通站点 停车场库、道路交叉口	调度能力	主要调度节点 大面积调度节点	损伤/击毁
		监测能力	主要监控头 大面积监控头	损伤/击毁
		自治能力	主要调度中心节点 大面积调度中心节点	损伤/击毁
		恢复能力	主要调度中心节点 大面积调度中心节点	损伤/击毁

3．网络的自治能力

对于网络的失能、损害，往往应用于不确定具体子系统节点的范围损害，以及针对特定范围的失能、损害，其损害的目标如下。

- 目标失能：以全部或部分网络失能甚至摧毁为损害目标，直接损害全部或部分网络。
- 环境失能：以网络失能引发的子系统甚至城市生命体系统失能为目标，

直接损害全部或部分网络，使这些节点失能甚至摧毁。这两种损害方式都比较常见，一般来讲，赛博损害网络比较倾向于扩散到全网，其他的损害手段则倾向于影响局部网络的能力。

- 物理损害：以全部或部分网络线路的物理性破坏甚至摧毁为损害目标，直接损害全部或部分网络。

在具体的自治能力的损害原因分析评估中，对于网络的损害效果不大容易直接获得，往往需要通过流的变化如人流、客流迅速减少、货物流中断瘫痪等监测出，根据网络的受损情况，可以直接使用智能城市治理生态的评估手段对其评估和治理，智能城市生命体中网络自治能力的损害原因分析见表 4-10。

表 4-10　智能城市生命体中网络自治能力的损害原因分析

智能生命体	损害范围	损害原因：引发子系统各类流量减少，继而引发失能	
		网络失能	引发系统失能
网络	主要网络 大部分网络	微气候工程 媒体战	赛博损害（以网络本体为目标的病毒）
	核心网络 部分网络	赛博损害（如病毒、木马损害等） 局部损害（如电磁炮、干扰机、干扰弹、石墨炸弹） 凝固剂、毒气释放、污染物投放	

4. 流的自治能力

对于流的失能、损害，与针对网络的损害相似，因为各类流运行于各个网络中，网络的损害往往也会带来各类流的损害，但是针对各类流的损害却另有其特色。因为各类流的存在关键在于运行，因此不会损害节点和网络。在道路上增加路障、无人汽车停摆、在油气管里放置障碍物或凝固剂、人为或远程控制切断电源、加油站停业等都可能造成各类流的中断，但不会对城市生命体造成任何物理损伤，只有自治能力的损伤。

在城市治理过程中，可以从节点和网络两个方面来看待流能力的影响。

第一，节点对流能力的影响。节点生命值状态会对流经节点的各类流造成影响，随着节点生命值的下降，各类流的状态也会受到影响，主要体现在以下两个方面。

（1）作为源节点。

节点作为某种“流”的源节点时，其生命值状态会影响该种“流”的供给能力。

（2）作为流经节点。

普通节点通常都会有人/客流、货物流、能源流和信息流四种流流经，节点生命值的下降，将对不同种类“流”的状态，造成不同程度的影响。

第二，网络对流能力的影响。主要体现在无效数据的泛滥（DDoS 攻击等）、网络拓扑的改变、网络环境对流的影响（网络中异物等对流的阻塞、网络中凝固剂等对流的物理化学性质的改变）等。

在具体的自治能力评估中，各类手段对流的损害效果显而易见，比如，人流/客流迅速减少、货物流中断瘫痪等很容易监测出来，可以直接使用智能城市治理生态的评估手段对其评估和治理，智能城市生命体中流的损害原因分析见表 4-11。

表 4-11　智能城市生命体中流的损害原因分析

智能生命体	损害范围	损害原因：各种类型的流经过的节点、网络路径都可以损害	
		某种类型流失能	引发系统失能
流	主要流 大部分流	微气候工程 媒体战	赛博损害 网络拓扑改变
	核心流 部分流	赛博损害（如病毒、木马损害） 局部损害（如干扰机、干扰弹、石墨炸弹） 毒气释放 污染物投放、障碍物投放 故意关停流动力	

1）人流、客流损害及自治

对于人流、客流的脆弱性分析，主要体现在以下方面。

（1）重要性。

人流、客车流、飞机客运流、火车客运流等流涉及城市生命体的核心——人，是失能、损害的高价值对象。

（2）关联性。

城市生命体范围内以人的位置变化为核心的人流、客流包括以步行、跑步等存在的人流，以汽车、火车、飞机甚至船舶为运输载体的交通运输人流、客流。密集性与人的脆弱性是人流、客流最大的特点，因此，客流易发生失序（人群拥挤踩踏）和堵塞（交通堵塞）等现象。

智能城市生命体中人流、客流的损害原因分析见表 4-12。

表 4-12　智能城市生命体中人流、客流的损害原因分析

流 失 能	流 类 型	失能、损害手段	失能自治手段
人流、客流	人流 客车流 飞机客运流 火车客运流	舆论误导 无人机威慑 切断流动力能源供应（如电、油、气） 间谍捣乱	舆论引导 划定公共区域 保障能源供应（电、油、气） 综合防火、灭火体系

当然，对于智能城市生命体中人/客流的损害范围和程度也需进行定性的分析，以此为系统恢复弹性做好预案（表 4-13），从而防护好相关能力最主要的依赖节点和网络。

表 4-13　智能城市生命体中人/客流的损害情况分析

系统失能	流 类 型	对应能力	损害流范围	损害流方式
人流、客流	人流 客车流 飞机客运流 火车客运流	损害能力	精确/大面积损害 要路/道路阻碍	失序 堵塞
		救护能力	精确/大面积损害 要路/道路阻碍	失序 堵塞
		调度能力	精确/大面积损害 要路/道路阻碍	失序 堵塞
		恢复能力	要路/道路阻碍	堵塞
		自治能力	要路/道路阻碍	堵塞

2）货物流损害及自治

对于货物流的脆弱性分析，主要体现在以下方面。

（1）重要性。

水流、大气流、石油/天然气流、货物流等流的存在是城市居民生存、工作的基础，是城市功能发挥的物质基础，是失能、损害的高价值对象。

（2）关联性。

城市生命体范围内货物流的运输是以汽车、火车、飞机甚至船舶为运输载体的交通运输流。密集性与人的脆弱性是最大的特点，因此，容易发生失序（人

群拥挤踩踏）和堵塞（交通堵塞）等现象。

智能城市生命体中货物流的损害原因分析见表 4-15。

表 4-14　智能城市生命体中货物流的损害原因分析

流 失 能	流 类 型	失能、损害手段	失能自治手段
货物流	水流	堵塞水流 污染局部大气 堵塞流管道 切断流动力能源供应 制造火情	疏通水流 净化局部大气 保障能源供应（如电、油、气） 综合防火、灭火体系
	大气流		
	石油/天然气流		
	货物流		

当然，对于智能城市生命体中货物流的损害范围和程度也需进行定性的分析，以此为系统恢复弹性做好预案（表 4-15），从而防护好相关能力最主要的依赖节点和网络。

表 4-15　智能城市生命体中货物流的损害情况分析

系 统 失 能	流 类 型	对 应 能 力	损害流范围	损害流方式
货物流	水流 大气流 石油/天然气流 货物流	供给能力	精确/大面积损害 要路/道路阻碍	失序 堵塞
		调度能力	精确/大面积损害 要路/道路阻碍	失序 堵塞
		生产能力	精确/大面积损害 要路/道路阻碍	失序 堵塞
		自治能力	要路/道路阻碍	堵塞
		恢复能力	要路/道路阻碍	失序 堵塞

3）电流损害及自治

对于电流的脆弱性分析，主要体现在以下方面。

（1）重要性。

交流电的各级变电流、汇集电流（社区逆向反馈）等流的存在是城市居民生存、工作的基础，是城市功能发挥的重要能量基础，是失能、损害的高价值对象。

（2）关联性。

城市生命体范围内电流的传输是以电线、电池等为载体的能量流，密集电网与裸露的电缆是传输过程最大的特点，因此，容易采取切断线缆和过载烧毁等损害手段。

智能城市生命体中电流的损害原因分析见表 4-16。

表 4-16　智能城市生命体中电流的损害原因分析

流　失　能	流　类　型	失能、损害手段	失能自治手段
电流	交流电的各级变电流 汇集电流（社区逆向反馈）	切断电缆 石墨炸弹 制造火情 电网控制系统瘫痪	备份电路 电路抢修车 综合防火、灭火体系 隔绝电网控制系统与互联网联网 禁止社区电网控制信息反向进入电网中枢控制系统

当然，对于智能城市生命体中电流的损害范围和程度也需进行定性的分析，以此为系统恢复弹性做好预案（表 4-17），从而防护好相关能力最主要的依赖节点和网络。

表 4-17　智能城市生命体中电流的损害原因分析

系统失能	流　类　型	对 应 能 力	损害流范围	损害流方式
电流	交流电的各级变电流；汇集电流（社区逆向反馈）	供给能力	基本的电话和网络的供电电源	干扰/切断/烧毁
		监测能力	主要面积/大面积 监控头和网络的供电电源	干扰/切断/烧毁
		调度能力	主要面积/大面积 电话和网络的供电电源	干扰/切断/烧毁
		自治能力	基本的电话和网络的供电电源	干扰/切断/烧毁
		恢复能力	主要面积/大面积 电话和网络的供电电源	干扰/切断/烧毁

4）信息流损害及自治

对于信息流的脆弱性分析，主要体现在以下方面。

（1）重要性。

上行信息流（由传感器收集）、下行信息流（由指控中心发出）等信息流的存在是城市生命体“智能”的基础，是城市各子系统相互联系的关键，是失能、损害的高价值对象。

智能信息系统的物理上的一体联通性、逻辑上的高度关联性决定了信息流的重要地位。

（2）关联性。

城市智能生命体范围内信息流的传输是以信息处理设备、网线、光纤、电线等为载体的流，高度互联性、密集网线的存在与深埋的电缆是其最大的特点，因此，赛博损害、切断供电损害等方式比较常见且易实现。

智能城市生命体中信息流的损害原因分析见表 4-18。

表 4-18　智能城市生命体中信息流的损害原因分析

流 失 能	流 类 型	失能、损害手段	失能、损害自治手段
信息流	上行信息流（由传感器收集） 下行信息流（由指控中心发出）	切断网线、光纤等通信电缆 赛博损害 石墨炸弹 制造火情	备份通信电缆 使用通信电路抢修车 隔绝智能信息系统与互联网联网 禁止部分上行信息流反向进入指控中心系统 综合防火、灭火体系

当然，对于智能城市生命体中电流的损害范围和程度也需进行定性的分析，以此为系统恢复弹性做好预案（表 4-19），从而防护好相关能力最主要的依赖节点和网络。

表 4-19　智能城市生命体中货信息流的损害原因分析

系统失能	流 类 型	对应能力	损害流范围	损害流方式
信息流	上行信息流（由传感器收集） 下行信息流（由指控中心发出）	通信能力	主要信息通信网络/大面积信息通信网络	干扰/损伤/击毁
		监测能力	主要网络/大面积网络	干扰/损伤/击毁
		自治能力	无	无
		恢复能力	主要信息通信网络/大面积信息通信网络	干扰/损伤/击毁

5. 自治能力的级联失效

对于智能城市自治能力功能级联失效，可以分为子系统内部功能级联失效和子系统间功能级联失效。

对于城市各个子系统内部自治能力功能级联失效来讲，系统的监测能力、恢复能力往往会给本系统的其他子功能都带来影响，是本子系统其他子功能发挥效力的重要基础和保障。而攻击能力和防御能力则对其他子功能甚至其他子系统都不会有影响。因此，实现对某子系统的攻击可以从打击其监测能力、恢复能力开始，这是减弱甚至消除其攻击能力、防御能力的重要着力点。

生产能力：该自治能力被生产子系统所独有。虽然一个城市的物质生产能力是一个城市生产发展的基础，但是在直接影响方面，一个城市的生产能力却往往只能提供部分物资、服务等供本城市使用，因此从治理角度来讲几乎不具备子系统间的影响。

对于子系统间的内部功能级联失效来讲，可以分为以下几类：

指挥控制能力：这是决策意志子系统和军事防护子系统特有的功能，也是该子系统甚至整个城市生命体的核心功能，其特点是相互影响的，另外其还受到安防救护子系统的救护能力和调度能力（决策意志子系统的指挥控制能力）、智能信息子系统的通信能力、能源子系统的供给能力和调度能力及交通基础设施子系统的调度能力影响。

通信能力：这是智能信息系统的特有功能，可影响指挥控制能力（即决策意志子系统和军事防护子系统）、监测能力（即所有联网的子系统）、调度能力（包括安防救护子系统、能源子系统、交通基础设施子系统、水子系统、大气子系统、生产子系统、生活子系统）、生产能力（包括生产子系统），具有近乎全向的影响力。

供给能力：该自治能力被能源子系统、水子系统、大气子系统所具有，但其影响范围差异较大。能源子系统的供给能力不仅影响本子系统的其他能力，还会影响其他子系统的各类能力，因此具有全向的影响力，十分重要。水子系统的供给能力会影响安防救护子系统的救护能力和恢复能力、生产子系统的生产能力和防御能力、生活子系统的恢复能力和调度能力，影响范围也非常多。大气子系统的供给能力会随着自然的净化而自动恢复，具有短暂的影响力。

调度能力：该自治能力被安防救护子系统、能源子系统、交通基础设施子系统、水子系统、大气子系统、生产子系统、生活子系统所具有，但其影响范围差异较大。安防救护子系统的调度能力会影响城市的安全稳定，间接影响决策意志子系统的指挥控制能力。能源子系统的调度能力与其供给能力密切相关，不仅影响本子系统的其他能力，还会影响其他子系统的各类能力，因此具有全向的影响力，十分重要。交通基础设施子系统的调度能力也近乎影响全局，是人、各类物质和化石能量的运输基础。水子系统和大气子系统的调度能力则与其子系统的供给能力相关，影响力也堪比各自的供给能力。生产子系统调度能力会影响本子系统的生产能力和安防救护子系统的救护能力，生活子系统的调度能力则只影响本系统的恢复能力。

根据前文城市生命体“节点–网络–流”的能力损害手段梳理总结，将自治能力可用的典型手段进行整理，见表4-20。

表4-20 智能城市自治能力构成中可以采用的典型治理手段

序号	自治行动目标	城市生命体自治手段
1	舆论引导	政府、媒体、赛博治理人员等刊发、推送有利新闻（纸媒、网络）
2	舆论畅通	政府、媒体、赛博治理人员等恢复各类媒体信息的出版和网络推送
3	修复电缆	应急管理、维修人员使用电路抢修车、开启备份电缆等手段修复电缆
4	修复通信电缆	应急管理、维修人员使用通信电路抢修车、开启备份电缆等手段修复网线、光纤等通信电缆
5	恢复流动力	应急管理、维修人员紧急修复发电厂、油气站、水厂，恢复流动力能源供应（电、油、气）
6	疏通水流	应急管理、维修人员，机器人等疏通水管
7	电网控制中枢防护	禁止社区电网控制信息反向进入电网中枢控制系统
8	指挥控制中枢防护	禁止部分上行信息流反向进入指控中枢系统
9	无线通信反干扰	飞机、无人机、汽车等用电磁反干扰仪等恢复区域无线通信
10	无人机防卫	部署激光塔实时全面防护无人机攻击
11	局部安全区划定	划定安全的公共区域
12	局部大气净化	使用大型鼓风机、人工降雨等净化大气
13	网络物理隔绝	切断各子系统损毁节点与其他系统联网线； 隔绝各子系统控制系统与互联网联网； 隔绝各子系统系统与互联网联网
14	赛博对抗	信息系统扫描检查、删除可疑木马、病毒文件； 恢复系统至正常状态； 设置新的安全口令、登录权限
15	无人机行动	无人机执行反侦察、跟踪、打击、评估等各项任务

6．范式：能力一体化

在智能城市治理生态中，城市生命体遂行各种自治能力是自身活力的表现，十大子系统的不同自治能力，在多样的手段辅助下得以实现，但是，这些自治能力与治理现代化中的治理能力不一样，类似汲取能力、调控能力、分配能力、合法化能力、强制能力等智能城市治理能力是将城市治理主体自己的意志、目标转化为现实的能力，是指人（治理主体）、技术产品和体制等基本要素的性质及其相互关系，获取和发挥自治能力的标准样式、运行机制和一般方法。简而言之，城市治理能力生成模式是将城市生命体状态从一种质向另一种质转化的路径与方法的集合。

以下是关于城市治理的几点概念分析。

1）广义和狭义的城市治理

从广义的角度来看，城市治理是指一种城市地域空间治理的概念，为了谋求城市经济、社会、生态等方面的可持续发展，对城市中的资本、土地、劳动力、技术、信息、知识等生产要素进行整合，实现整体地域的协调发展。

而狭义的城市治理是指城市范围内政府、私营部门、非营利组织作为三种主要的组织形态组成相互依赖的多主体治理网络，在平等的基础上按照参与、沟通、协商、合作的治理机制，在解决城市公共问题、提供城市公共服务、增进城市公共利益的过程中相互合作的利益整合过程。

广义上的城市治理主要涉及城市定位、城市规划、城市可持续发展等问题，主要是处理城市发展的各种要素；狭义上的城市治理主要涉及治理主体的组织形式、利益冲突、利益整合，着眼于城市公共服务的提供。

2）外部和内部的城市治理

从城市区域的界限来看，可以分为外部治理和内部治理。

城市的外部治理，主要考察的是城市与中央政府及周边城市之间的关系。在社会组织体系中，中央政府拥有最核心、最高的权力，其作用范围能够辐射到全国。地方政府与中央政府之间存在行政上的隶属关系。但地方政府又不是被动地接受这种隶属性的限制，尤其是在由中央集权向地方分权转型的国家中，地方政府与中央政府之间常常由于地方实力膨胀，出现中央政府单个部门的政策与地方政府政策“条块冲突”的现象。各区域之间的关系，则以区域利益为基础，突出表现为区域经济联系、合作和冲突等。

至于城市的内部治理，从主体角度看，是指城市中各利益相关者之间利益边界的划分和相互作用；从具体内容上看，包括社会、经济、环境、应急治理等方面。其中，城市经济运行治理是由城市政府根据中央政府的经济调控目标，针对城市经济运行中出现的问题而展开，包括确定适度的经济发展速度、形成合理的经济结构和空间布局、维护正常的市场经济秩序、夯实城市财政四项主要任务。城市社会治理是通过城市分配关系的调整与改善、城市治安的整顿与维护、城市社区组织的重构与创新来减少城市社会问题。城市环境治理主要包括城市污染、城市公共交通等硬环境的治理及营造良好的城市发展软环境。城市应急治理就是针对城市所发生的各种危及城市公共利益的灾害危机，采取及时有效的手段，防止危机的发生或减轻危机的损害程度，保护城市公共利益，主要包括减灾、备灾、响应和恢复四个阶段。[1]

3）“自治能力-治理能力”的一体化

智能城市治理模式抛弃传统公共管理的垄断和强制性质，强调政府、企业、团体和个人的共同作用；不再单单指望政府做什么和提供什么，而是希望政府能充分挖掘各种管理和统治工具的潜力；不要求政府整天疲于应付，而希望政府做自己应做和能做的事；不强求自上而下、等级分明的社会秩序，而是重视网络社会各种组织之间平等对话的系统合作关系。

智能城市的治理能力是建立在城市生命体的自治能力基础上的，自治能力是在一定的技术产品、平台设施基础上形成的，以维持子系统平衡的能力，治理能力则是体现在城市级别上的治理能力，虽然城市治理能力的内涵是随着社会经济的不断发展与城镇化建设的进程不断深化和丰富的，但是也有些基本内容，比如应急管理能力、社会保障能力、物价调控能力、财政平衡能力、民众参与能力、政策对接能力，等等。这些能力的载体可分为物质载体和非物质载体两大类，物质载体包括技术产品、人员和设施，亦可称之为资源，另外还有环境，包括市民、气象、地理、水文等。非物质载体包括城市中思想与文化、政府企业体制与编制、培训与教育、动员与管理和精神与士气，亦可称之为方法。

显然，智能城市的治理能力与自治能力是密切相关的，城市治理能力应通过城市生命体的自治能力发挥作用，两者一体化呈现的形式就是治理范式。

范式（Paradigm）指一个共同体成员所共享的观念、理论、范例、方法、

1 中国发展观察，发达国家城市治理的标准与模式，2015.3.2，https://china.huanqiu.com/article/9CaKrnJIjH3。

手段、标准等集合。科学范式指常规科学所赖以运作的理论基础和实践规范，是从事某一科学的研究者群体所共同遵从的世界观和行为方式，而智能城市治理范式在运行监测、管理、决策、处置等领域，实现数据挖掘、视频分析、业务模型建模等功能，提升城市数据融合、数据共享、数据挖掘和数据展示的大数据服务能力，展示城市运行综合体征、民生社情，提升城市运行管控水平。

“治理范式”的类似定义是“治理模式”，目前主要有三种。

一是瑞士政治学家皮埃尔的“四种城市治理模式”。皮埃尔在考察了西方发达国家城市发展模式的基础上，根据参与者、方针、手段和结果的不同，提出了四种主要的城市治理模式，即管理模式、社团模式、支持增长模式和福利模式，这四种模式也是目前最为经典的关于城市治理模式的分类。

二是“城市伙伴制治理模式”。这是由瑞典厄勒布鲁大学教授英厄马尔·埃兰德提出的，他认为对于城市治理而言，“权力主要是一个主导和社会控制的问题”，20 世纪 90 年代以来城市政府面对着一种分权和政府形式变得更加多样化的趋势，并且“城市治理”一词本身也涵盖了非常广泛的实践，因此伙伴制正越来越多地被当作今日城市政府解决其所面临问题的正确治理模式。伙伴制被定义为“为重整一个特定区域而制定和监督一个共同的战略所结成的利益联盟”。此模式的特点是城市治理的责任、政策管理、决策权力和充分的资源下放给最接近市民和最具代表性的地方政府，同时借助于国际合作和伙伴制的方式，将城市能力建设的战略和体制建设权力赋予所有的当事人，特别是地方政府、私营经济、合作经济、工会、非政府组织和社团组织，使它们能够在住房和生活规划及治理上发挥有效的作用，每个政府都应保证所有社会成员积极参与本社区事务的权利，保证并鼓励他们参与各级决策。[1]

第三种模式是“新公共管理模式”。作为一种正在成长并且日益取代旧的公共行政模式的公共部门管理的新模式，“它是一个多纬度的，非常宽泛的概念”，其中就包括了“企业化政府”理论。奥斯本和盖布勒在《改革政府》一书中提出的“企业化政府”模式（即“新公共管理”模式）包含十大基本原则或基本内容（1.起催化作用的政府：掌舵而不是划桨；2.社区拥有的政府：授权而不是服务；3.竞争性政府：把竞争机制注入到提供服务中去；4.有使命的政府：

1 中国发展观察，发达国家城市治理的标准与模式，2015.3.2，https://china.huanqiu.com/article/9CaKmJIjH3。

改变照章办事的组织；5.讲究效果的政府：按效果而不是按投入拨款；6.受顾客驱使的政府：满足顾客的需要，而不是官僚政治需要；7.有事业心的政府：有收益而不浪费；8.有预见的政府：预防而不是治疗；9.分权的政府：从等级制到参与和协作；10.以市场为导向的政府：通过市场力量进行变革），该模式有市场化政府模式、参与型政府模式、灵活性政府模式、解除规制政府模式四种子治理模式。

从当前应用来看，新公共管理模式在西方国家的城市治理中得到了广泛的运用，并且已成为城市公共管理的最新模式。

本文提出的治理范式，是智能城市治理能力与自治能力的一体化，是智能治理生态中的复杂概念，与以上城市治理模式不完全兼容，也不完全矛盾；可单独进行，也可结合进行，由此可以形成多样的典型治理范式。

（五）运行机制：治理范式

1. 从科学范式到治理范式

科学（Science）一词来源于拉丁文 scienta，意思是知识、学问。日本学者福泽吉把它翻译为科学，康有为将其引进到中国。《辞海》（1987 年版）把科学定义为："科学是关于自然、社会和思维体系的知识体系。"理解科学，可以从三个角度出发。第一个角度：科学是系统严密的知识体系。第二个角度：科学是生产活动，它的主体是科学家。《科学革命的结构》作者托马斯·塞缪尔·库恩也曾经说："科学是科学家集团即共同体的活动。"第三个角度：科学是一种事实，是人类直接把握世界的方式，它简单高效，一旦升华为技术，可以用来改造客观世界。因此科学技术是第一生产力。

概括来讲，科学具有系统性、客观性、普遍性、实证性、可证伪等特征。实验、观察、模拟、测量、数据统计分析（包括描述式统计、推断式研究、实验研究等）、调查（即常规调查与比较、综合和专题研究、事实和征询意见）、观察、列表、问卷、访谈、个案、测验是常规的科学研究方法，科学是人类认识自然、改造自然的有效方式。

科学研究到目前为止已经形成四种范式，分别为第一到第四范式（图 4-3），具体情况如下：

第一范式：经验科学，诞生于18世纪以前，特征是以归纳为主，其中带有较多的盲目性观测、猜测和实验，基本停留在定性研究（即简单的数量关系与通则论等）上，主要使用常规的实验模型来分析、判断、评估、预测。

第二范式：理论科学，诞生于19世纪以前，特征是以演绎为主，运用逻辑而不局限于具体的经验事实，开启了定量研究（即以小数据、小样本对复杂的因果关系进行推理），主要使用数学模型来分析、判断、评估、预测。

第三范式：计算科学，诞生于20世纪中期，特征是以各个学科中的问题为主，基本局限在本领域内，但也开启了复杂的社会仿真研究（即用有限的数据模型仿真复杂的宏观涌现等问题），主要使用计算机仿真模型和其他形式的计算模型来分析、判断、评估、预测。

第四范式：数据科学，诞生于21世纪初期，特征是以数据分析为主，利用各个领域积攒的大数据、计算机广泛使用的强大算力和众多成熟的算法模型来对数据进行个体化、全样本的发现、分析、判断、评估、预测。

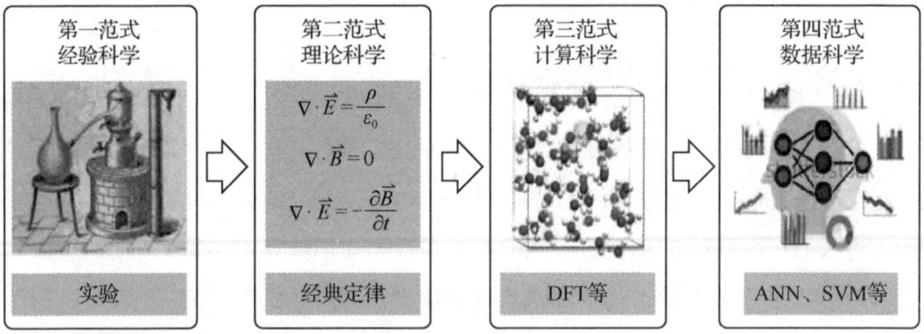

图4-3 四类科学范式图示

治理范式也是如此，类似以上对于“科学”认知的角度，可以对治理采用以下方法来理解。

第一，治理自治体系是完整和成体系的，城市生命体十大系统的划分是为了更好地思考处置方式，级联失效等内容更说明了各个系统之间密不可分的关系。

第二，在城市自治体系的基础上，人类治理能力是通过综合性配置，以及各类制度、方法、手段等来完成调配，主要通过城市的自治能力发挥作用。它的主体包括传统上为主角的政府、各类企事业单位、社会组织和市民等。在各个治理主体的共同参与下，以多样化治理方式共同完成智能城市治理这个目标。

第三，治理也是一种事实，是城市治理者与城市生命体互动的方式

（图 4-4），虽然涉及多种技术、产品、规章制度等，但这并不代表治理仅仅是个实现良好城市前景的手段和工具，它也是城市治理者的存在方式，甚至是其本质的本身。

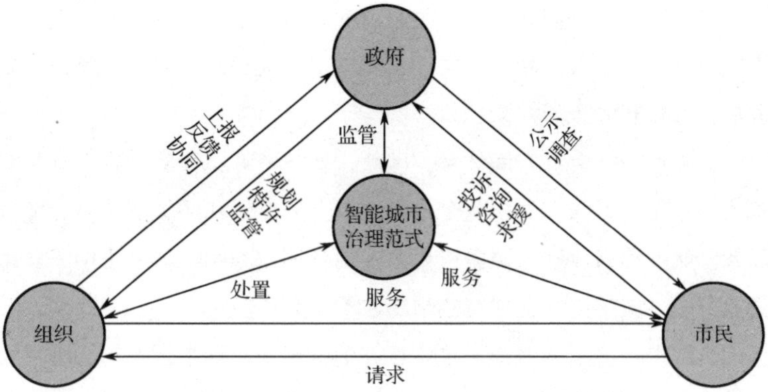

图 4-4　智能城市治理主体之间互动关系的分析

从以上治理主体互动的具体内容来看，每个动作（如调查、咨询、公示等）都可以通过定义问题，发出设计指令，对潜在用户的定性研究，到结构化的练习创意思维模式等一些更感性的、更定性的方法来实现，我们使用科学流程方式对这些动作进行分解，从确认问题，开展实验，获得解决方案，开展实施，到评估改进，形成一整套的治理范式科学流程（图 4-5），而且可以重复迭代，实现治理范式的不断更新。

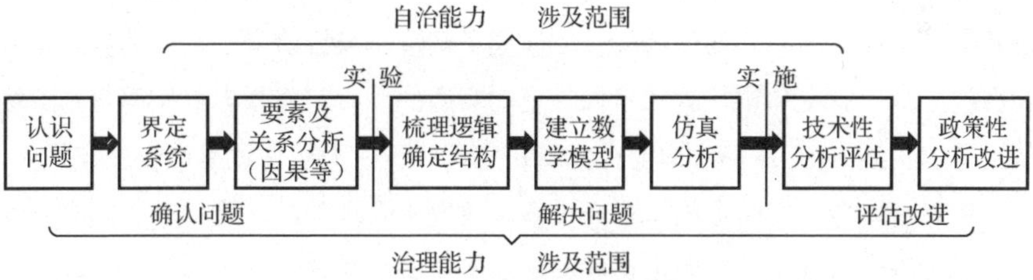

图 4-5　智能城市治理范式的科学流程分析

根据以上分析，可以从治理主体、治理受众、治理流程和治理数据等为中心，对治理的典型范式进行梳理。

2. 治理范式 1：主体中心型

长期以来，政府都是城市治理的主要甚至是唯一主体，这是传统治理的关键问题所在，学者们对此进行了深入的分析。帕尔在“城市管理者”（*Urban manager*）的理论中指出，城市资源的分配不平等是造成社会冲突的根本原因。“城市管理者”理论有两个主要观点：

（1）城市资源的分配并不是由生态过程或经济结构所决定的，而是由拥有权力的科层制官僚所决定的，换言之，城市资源的分配是由一群掌握住宅市场和科层制运作机制的人所控制的。

（2）城市是一社会和空间体系，因此，城市资源也含有地理空间的成分，此类资源的分布，无法同时由两个或两个以上的个人和团体所占有，能占有良好位置者自然就拥有比他人更多或更大使用各项设施的优势。正由于此种不平等现象的存在，城市内社会冲突的情况才不可避免。

近代治理中，逐渐引入市场主体参与到城市的治理中，在市场观点看来，政府最严重的治理问题源自其庞大的规模和复杂的结构，即传统上大型的、垄断式的政府部门很难应对不断变化的环境因素（如市场信号），它们的焦点通常会集中在内部的正规制度和科层权威方面，并以此作为行动依据。因此，治理者们建议，有效的变革方案就是分散制定政策的权力，并创造出大量竞争性的小型机构来分解原先较大的部门。治理理论的市场视角有效地将人性中的自利取向作为分析治理问题的个人主义基础，并强调其应作为治理理论建构的起点。此外，它还为发展出在复杂条件下提高治理水平的技术工具做出了贡献。

然而市场是有其局限性和天然缺陷的。由于将治理问题简单还原为公司治理和商业交易活动，它在很大程度上模糊了政治学与经济学的理论边界，也因此忽视了政治制度和机构的独特性。更加突出的是，它将权力结构简化为市场意义上的资源分配，从而难以充分解释特定环境下权力运作的具体逻辑和规律。

随着资本主义经济危机等市场失败和政府失败现象的出现，越来越多的治理者热衷于以治理机制应对市场或国家政府协调的失败。

所谓市场失败，是指因市场缺陷而引起的资源配置的无效率，包括两种情况：一是市场机制无法将社会资源予以有效配置；二是市场无法解决效率以外的非经济目标。

所谓政府失败，是指政府机制存在本质上的缺失，无法使资源配置达到最佳情形。因此，以强调多元主体共同参与的治理开始逐渐替代以单一主体为主的统治，“更少的统治，更多的治理”（Less Government，More Governance）成为当前一些国家政府管理改革和发展的口号。

在现代治理模式中，政府、企业和各种市场主体（包括消费者和代表整体利益的行业组织等）、社会组织（公益性和互益性）、公民和公民各种形式的自组织都成为治理主体，享有治理权力。各个治理主体需要打破地域、职能和部门的桎梏，形成网状化的组织结构，实现部门之间合作分工，使政府组织中的每个人在充分独立的同时，保障公务人员能够在社会问题与公民需求面前按照规章制度自由组织协作，快速解决与回应社会问题与公民需求。市场观点在治理领域内的应用则更加具体，其中两个最重要的应用领域分别在政府结构与人事管理。

从现实操作来看，政府应该加强与企业联系，加快实现城市智能化发展。政府借助企业创新的网络技术，加强合作，加快信息化建设进程，助推城市智能化发展，打造智能城市的全新商业模式，从而建设可持续发展的现代化城市。科技企业与政府双方将以“激励创新、合作共赢”为原则，发挥各自的优势和力量携手推动本土创新，加速实现城市智能化发展。

当然，治理主体的多元化也会造成了治理权力的分散化，相应的治理责任也分散化了，分散于平台、消费者、企业、第三方治理机构、政府等，这种责任的分散化可能导致治理责任的边界模糊。利益的多元化和权力的分散化，决定了未来各个领域的治理很可能不是某个主体能独立完成的任务，必须依赖各利益主体形成密切合作的机制。此种机制的形成一方面有赖于各主体共享共通的价值观念，另一方面又取决于各主体通过合作关系实现各自的利益追求。各个利益主体之间是相互独立的，它们之间有多种可能关系，可能是委托代理关系、合作关系或是兼具竞争与合作的博弈关系。

3. 治理范式 2：受众中心型

在工业化大生产时代，政府信息传播渠道有限、传播范围受限，治理模式属于一元化管制型治理模式，政府与社会公众之间通常是以面对面或通信的方式进行沟通交流，公民很少参与行政权力运行过程，治理中的政民互动受到地域与时空的严格限制。随着社会形态的演化，传统意义的治理边界随之消融，治理正在由管理范式向服务范式嬗变，以管理为中心的旧模式正在向以人为本的创新模式转变。

当前，城市治理的标称核心是以人为中心、以事件管理为手段、以智能为工具，基于对城市人、物、事件等的全面动态感知，促进治理体系和治理能力现代化，解决大城市突出问题，重塑城市治理模式，提升市民体验。以城市感知为抓手推进城市数据的智能采集，以创新的智能应用为依托，解决城市治理场景的实际困难，以可视化城市智能综合调节平台为各级主管机构提供高效直观的管理工具，助力提高精细化城市管理水平。

在服务型治理理念下，以人为本，坚持用户导向，已成为一种共识，这就要求充分尊重城市中不同个人或群体的公共行为，重视用户需求的个性化和差异化表达，准确挖掘用户需求，提供最为贴近用户的服务方式。以受众为中心的治理模式具有以下特点：

首先，政府的服务不再以特定群体为指向，而是以个体为服务对象，通过大规模的个性化定制来满足每个个体的个性化需求。

其次，政府要借助信息技术和信息化思维向公众主动推送服务，并努力追求一体化、精准化、智能化地提供定制化、一条龙的公共服务。这就要求政府需彻底摒弃以往服务与管理不分的工作意识，建立起以每个公民为中心的现代服务意识。

在城市的以“知识工程”为内在逻辑的治理生态的建设中，应重视从城市生命体各个系统分析的角度询问用户的需求，目的是为系统和生命体设计提供依据。用户的需求和系统的需求、用户的目标和系统/生命体的目标经常互不关联，容易出现“答非所问，问非所答”的结果，这也要求改进信息系统的需求分析方法。

随着城市治理大数据、人工智能分析技术的不断完善，治理工作也在逐渐改变当前以定性判断为主、缺乏客观数据支撑“拍脑袋”决策的方式，通过系统、全面、深入的多源异构数据分析，形成以客观数据为主、经验直觉为辅的智能化决策模式。通过开展城市中用户需求和用户行为的数据分析，以真实的用户数据帮助治理系统准确定位当前的服务短板，完成面向治理受众为中心的治理模式的转换。

4. 治理范式 3：流程中心型

智能时代的到来不仅仅带来的是技术的变革、应用的变革，更是思维方式的创新、行为模式的创新，因此智能城市治理从线下走到线上，从电子政府发展到云政务，大数据推动行政流程再造，治理模式呈现出众多网络化、互通化、数字化、扁平化、标准化、快捷化及高效化的流程，加快提升了治理的规范化、效率和水平。

在信息化、智能化促进城市治理不断深化的趋势下，信息需求更趋复杂多样，信息组织深度融合，信息活动可以跨越组织和时空的界限进行，以流程为中心的治理范式所追求和依靠的信息共享、互联互通与强权、集中控制存在冲突，必然要求政府和各行各业及社会公众共享信息资源、分享公共权力，使传统层级式的治理模式更能适应以电子政务为中心的多中心主体协调、共治的需要。政府、企业等主体的具体服务模式开始以事项的流程为中心，建立起系统性、整体性和全流程式、参与式的服务价值链条，透过更加紧密的用户关系及部门间的资源协同，实现公共产品价值的提升，改进公共服务的质量，提高公共服务的效率。

在众多流程基础上，通过逻辑整合，形成一种升级版的治理模式——网络化治理，即人与人之间、组织与组织之间及个人与组织之间互相依赖，形成基于流程治理的治理网络。在网络化治理中，治理合作伙伴相互之间的联系、交流、沟通都依靠多种流程形成的网状治理结构来进行。

网络化治理象征着世界上改变公共部门形态的四种有影响的发展趋势正在合流。其一是第三方政府：逐渐出现利用私人公司和非营利机构从事政府工作的模式；其二是协调政府：从“顾客—市民”的角度考虑，采取横向协同、纵向减少程序的做法；其三是数字化革命：技术上的突破大大减少了伙伴之间的合作成本；其四是消费者需求：市民希望增加公共服务选择权的要求在不断提高。根据治理流程中心型治理范式的特点，可以从以下两个方面进行推进：

一是结合城市智能化建设和信息惠民工程，加快推进城乡建设、人居环境、健康医疗、社会救助、养老服务、劳动就业、社会保障、质量安全、文化教育、交通旅游、消费维权、城乡服务等领域的城市大数据应用。

二是开发各类便民应用流程，优化数据资源配置，提升原有服务体系的跨系统、跨行业的大数据分析和应用能力，促进城市公共服务方式创新，实现一站式、一键式，精准化、智能化服务体验。

5. 治理范式 4：数据中心型

随着多媒体、社会化网络的兴起，物联网、云计算、移动互联网等技术的成熟，以及智能移动终端的普及，全社会的数据量呈指数型增长，全球已经进入以数据为核心的大数据时代，以数据为基本手段和新一代信息技术为载体的新社会形态正在世界范围内形成[1]。国际数据公司（IDC）发布的《数据时代 2025》显示，全球每年产生的数据从 2018 年的 33ZB（1ZB=10 万亿亿字节）增长到 175ZB，相当于每天产生 491EB（1EB=1.1529e^{18} 字节）的数据。2020 年，全球数据量达到 44ZB，预计 2035 年会达到 1.9 万 ZB。

大数据能够提升城市公共服务的质量和范围，加速服务型政府建设目标的实现。利用大数据可以进一步了解、挖掘城市居民的需求，提供更加全面具体、精准有效的公众服务，满足公众的多元化需求；可以了解政策落地成效，反馈和诊断“最后一公里”症结所在，聚焦“痛点”、瞄准“堵点”，有针对性地为公民创办企业服务，为企业松绑减负，营造亲商氛围，更好地为创业创新清障搭台；可以加强部门之间的信息及时共享和沟通，打破部门之间信息孤岛，理清权限和职责，改变部门间各自为政的割裂状态，从而提升政府部门的办事效率，使政府部门能够为公众提供更加高效的服务；可实现对政府决策过程的实时动态监控与预警，减少差错和舞弊行为，对建设阳光、高效、服务型政府具有积极意义。

21 世纪以来，特别是在 2010 年以来，前沿科技领域出现诸多“××技术大脑”概念，企业界出现城市大脑、城市神经网络、工业大脑、航空大脑等，其中城市大脑的出现引起了政府、学术界和产业界的高度重视并在很多城市开始推动。目前城市大脑已打通融合交警、交通、城管、医疗、应急、环保、消防等多部门数据，在交通治理、环境保护、城市精细化管理、区域经济管理等领域进行了诸多有效探索。

在城市大脑成为前沿科技和产业的新一轮热点时，学术界、产业界关于什么是城市大脑意见并不统一。就如何建设城市大脑，存在各种不同的观点和设计规划，比如类脑智能复杂巨系统是其中最早的一个定义，也有企业认为城市大脑是一个综合物联网、大数据、云计算、人工智能的技术综合体，或者认为城市大脑是一个通过人工智能系统对城市各个部分进行管理和控制的信息系统。以城市智能化急需解决的数据开放共享问题为例，数据的开放共享问题不

---

1 唐斯斯 刘叶婷，加强数据治理 提升国家创新力，2018-05-04，http://www.sic.gov.cn/News/612/9707.htm。

仅是管理制度层面和技术层面的原因，其中涉及的一些问题需要有完善的法律体系来保障。数据的开放共享涉及与个人隐私保护之间的冲突，在城市安全数据共享的过程中，要处理好政府、商业和个人信息的关系。

在人工智能日益增强发展的今天，人工智能技术通过对城市数据资源的有效利用，给城市治理提供了更为科学的手段、更为多样的方式，拓展了城市治理的新空间，是推动治理能力现代化、社会服务高效化的，推动城市治理变革和发展的有效工具。从以数据为中心的治理视角来看，在传统的管理体制下，决策的本质是将所有的信息集中在决策者手上，决策者希望从信息中找出问题、发现问题出在哪里、判定严重程度、找到解决方案及判断方案的有效性，然后由权威人士做出决策。这种方法之所以一直行之“有效”，是因为过去死板的管理机制体系缺乏数据，而这种方法是所能做到的有效治理城市的唯一方式。随着人工智能、大数据技术的发展，每个人都可以成为城市决策的一部分。

案例——城市大脑

深化“五位一体”智能城市管理平台建设

北京城市管理物联网平台于2012年9月投入运行。近几年，北京实施了以城市管理物联网平台为核心，向智能城市管理升级的方案。目前形成了以“城市环境秩序和资源感知平台、云到端的基础支撑平台、综合应用平台”为支撑，具备了“智能感知、分析研判、公共服务、指挥调度、巡查监察”五大核心功能。

（一）智能感知

在跨部门基础数据融合共享方面，平台以整合全市基层管理网格化数据为基础，正在推进城市管理、社会服务管理、社会治安和城市管理综合执法“多网融合”。目前已共享3.6万余个公安视频探头、市住建委1200余个施工工地视频探头，自建400个4G视频探头、400余套4G车载取证装置、噪声监控等智能感知设备，实现对政治核心区及其他重要地区的全天候监控；共享规划、住建等部门前端审批数据，有力支持了全市一线执法工作。[1]

在全面掌握市民诉求方面，整合“12345”非紧急救助服务热线、领导交办、

---

1 北京市城市管理综合行政执法局，深化“五位一体”智慧城市管理平台建设 提升首都城市治理水平，2020年12月28日，http://www.mohurd.gov.cn/dfxx/201712/t20171219_234726.html。

部门移交、媒体报道、网络舆情等多个举报渠道，使城市管理热线真正成为市政府倾听百姓呼声的重要窗口和判断全市环境秩序治理好坏的晴雨表。

在城市管理执法基础数据智能感知方面，建立了城市管理执法数据资源体系，共计3大类、19小类基础数据，部分实现智能感知应用。整合执法车GPS终端、数字集群终端和执法城市管理通，做到实时掌握执法力量分布情况；整合无线视频资源和城市管理执法车载取证装置，实现对重点乱点地区的实时监控；整合噪声感知设备，实现夜间施工超过70分贝自动报警；完善执法城市管理通功能，以一线执法移动核录为抓手推进了城市管理执法大数据采集应用。

（二）分析研判

平台整合了声音、图像、位置、噪声、勤务、举报、巡查、公共服务8类业务数据，为科学分析问题提供了数据基础。平台可对高发时间、高发地点、高发违法形态的“三高数据”进行智能分析，实时更新发布各类违法形态同比、环比数据及环境秩序运行三色态势预警。同时，还可综合考虑节假日、重大活动期间天气、人口、执法辖区和执法资源等因素，对举报数据和执法数据进行对照分析，实现对问题总体趋势预测、重点违法形态和违法相对人的动态走势分析，确保执法力量得到合理部署。

（三）公共服务

以智慧平台为支撑，打造了“我爱北京”城市管理地图公共服务平台，通过整合局长信箱、微信公众号、市民城市管理通APP、政务维基等多种互动方式，市民可快速查询便民服务设施分布、执法责任网格等便民信息，同时还可以获取城市管理权力责任清单、网格责任人和执法量等开放数据集，提升了市民群众参与城市管理的便捷性。同时，市民城市管理通APP和微信公众号将“我爱北京”系列服务推送至市民端，进一步拓展了传统网格化管理中城市管理通的内涵和外延。

（四）指挥调度

在扁平化指挥方面，依托物联网平台建设，北京城市管理创立了市、区、街三级勤务报备制度，通过将各类执法资源准确定位，做到了看得见、听得着、叫得通，实现了在应急状态情况下的扁平化指挥体系。在高峰勤务方面，通过对感知数据和执法数据的动态分析，总结环境秩序问题的高发规律和发展态势，从而将有限的人力部署到高发点位，做到让勤务跟着高峰走，提升了执法效能。在智能巡查方面，物联网平台每天对全市1000余个点位进行视频轮巡，及时发现问题并调度处理，仅此一项功能大致相当于减少每日 3000 人次的执法量，极大缓解了执法人员的不足。

（五）巡查监察

在巡查核录方面，每名队员装备了执法城市管理通，目前已具备综合办公、指挥调度、巡查监察、视频监控、业务查询、公共服务、移动核录等功能，执法城市管理通已经成为一线执法队员现场巡查、执法的重要装备，有效支持了一线执法工作的开展。在综合监管方面，通过搭建综合监管信息平台，实现了在城市管理领域 20 个监管事项的数据共享、《监管通知单》网上流转及统计分析等功能；自 2013 年 6 月以来，北京城市管理部门已向属地及相关部门发送监管通知单 24 万件，推动解决了一批环境秩序重难点问题。

6. 治理范式的组合与分析

简・雅各布斯（1961）在她极具影响的著作《美国大城市的死与生》中认为，“城市……问题是处于有组织的复杂性状况中……它们往往具有数个甚至数十个变量，都在同时变化且以微妙的方式相互关联”。而城市作为一个复杂巨系统，复杂性概念本身就否认存在一种支配性方法，复杂性科学有足够的开放性以包容不同的方法，这两点足可以说明治理范式可以以多样的方式进行组合，不必拘泥于特定的节点、网络甚至是主体、机制等。

治理范式之间并非满足逻辑关系就可以任意组合，而是需要面向相关的治理目标，即从治理的需要出发，由治理目标（或阶段目标）决定参加组合的治理范式内容。治理范式，要从底层技术、基层社区做起，从小的城市节点更新项目做起，随着这种模式的普及，它必然可以从小到大，从节点到网络，从社区级，到子系统级，慢慢地到城市生命体级，从技术模型到商业模式，再到治理理念、仿真政策，实现整个智能城市生命体的治理范式体系的构建（图 4-6）。

治理范式的实现是一个生根、发芽、开花、结果的一个过程。而在这个治理范式过程当中，治理主体要能够持之以恒，不懈完善，才能臻于善治。[1]

为方便用户完成满足治理需要的治理范式组合工作，治理生态将提供治理范式组合向导，引导并辅助治理主体完成相关工作。主要包括以下两个方面。

---

1 陈庆云，现代公共政策概论，经济科学出版社，2004 年。

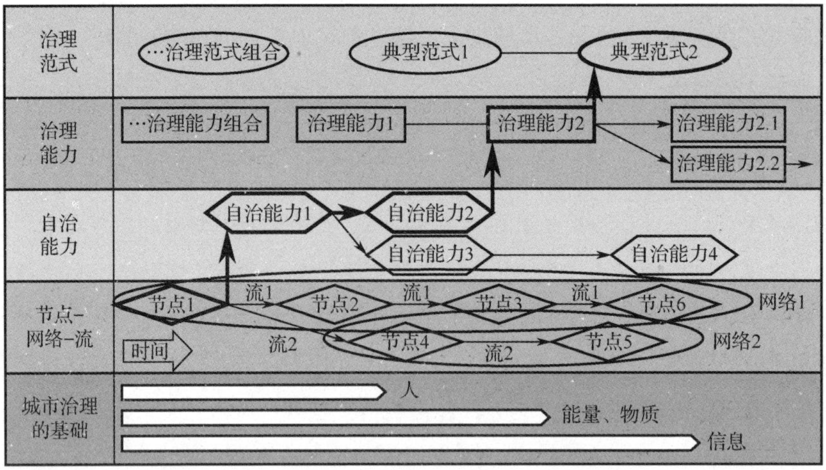

图 4-6　治理范式的组合图示

一是根据设定的治理目标，提供备选典型治理范式的组合方案模板，为治理主体提供参考，治理主体可对模板中的元素进行修改和相关设置，以便在满足治理设定目标的前提下，也能反映自身方案的特点和治理主体偏好。

二是对治理主体制作的治理范式组合，提供冲突检测、目标检测和效率检测功能。

冲突检测是检查治理范式组合内部是否存在冲突和逻辑不合理的情况。

目标检测是对该治理范式的组合进行预推演，检测其是否能够达成治理设定的目标。

效率检测是系统对用户制作的治理范式组合，按照一定的规则（主要是治理目标完成度、自身损耗和资源消耗等）进行评价。

以下是笔者的几点思考：

（1）关于治理的主体，智能城市治理的主体必然要超越政府、企业、市民的治理单体局限，但也不必达到一国治理的范围。可以将其视为一个由来自不同领域、不同层级的公私行为体（如个人、组织，公私机构，权力机关、非权力机构，社会、市场等）、力量和运动构成的复杂主体网络结构。

（2）关于治理的基础，智能城市治理的机理构建需要超越政府权力中心论。对内，政府已不再享有唯一的、独占性的统治权威，但仍然需要发挥主要作用，但必须和其他治理主体合作；对外，政府的权利唯一性观念早就受到各类概念的挑战和削弱。

（3）关于治理的方式，既实行正式的强制管理，又有治理主体之间的民主协商、谈判妥协；既采取正统的法规制度，又能够让所有主体、受众都自愿接受并享有共同利益的非正式的措施和约束发挥不同的作用。

（4）关于治理的目的，各治理主体在互信、互利、相互依存的基础上进行持续不断的协调谈判，参与合作，求同存异，化解冲突与矛盾，维持社会秩序，在满足各参与治理主体利益的同时，最终实现智能城市社会发展和公共利益的最大化。

（六）治理实现：十大系统

1. 决策意志系统治理

城市信息化、智能化给城市中的决策系统带来的挑战有：

其一，开放融合的生态环境要求政府、企事业单位和市民在去中心化的环境中协作协同，这使得政府保障各类组织和公民的知情权、监督权、信息自由权、基本公共服务权利和交易安全等成为关键职责，也使得政府信息公开直至开放各类数据及开发利用各类管理和服务应用成为必需基础。这些关键职责和必需基础既是政府精准感知和主动适应全社会公民意识的觉醒、公共服务需求的攀升、网上交易行为的增加，以及民主诉求的增多等诸多变化的必然选择，也是社会公众进行网上办事和政民互动的必然要求。

其二，理想中的纵向、横向互动和多元化治理方式与现实中的科层式行政管理组织固守照章办事规则的运行方式之间存在巨大落差。科层式行政管理权力运行是自上而下的，它运用治理主体的政治权威，通过发布行政命令，制定和实施政策，对公共事务实行单向管理。服务型政府建设是要以公共利益为出发点和落脚点，克服包括治理主体之间纵向和横向的壁垒、程序优先于组织目标在内的内部障碍，解决包括治理主体和公众之间的信息不对称，寻求多方共享共治、竞争合作的方式方法等外部难题，要求政府在剔除管制型治理模式的基础上，建立起开放型的多元化治理平台，打造扁平化、平等化的治理组织，采取多元化、去中心化的治理方式和方法，来取代单一化的行政管理方式和方法，打破政府治理主体对信息的垄断地位，抑制行政权力运行的强制性，促进政府与社会的频繁、紧密的良性互动，为最终实现多元化治理奠定基础。

在服务型政府理念大行其道的今天，我国电子政务系统建设迫切需要提高用户需求分析与需求识别的能力。经过十余年发展，目前我国各级政府网站在线服务体系已经初具规模。电子政务主要指利用信息网络技术和其他相关技术支持更加适合时代要求的政府结构和运行方式的实现。电子政务建设的主要目的是促进政府信息资源的开发、利用和共享，提高行政效率和决策水平，改善公共服务质量和增加服务内容，提高办事执法的透明度，加强政府有效监管，建立政府与公众直接沟通的渠道，推动国民经济和社会信息化的发展。智能电子政务门户的基础是大数据应用。智能政府门户以用户需求为导向，通过实时透彻感知用户需求，做出快速反应，及时改进服务短板，主动为公众和企业提供便捷、精准、高效的服务，提升政府网上公共服务的能力和水平。

如美国政府门户网站（www.usa.gov）应用了大量个性化定制服务的相关技术，用户登录美国政府网站的同时，系统将会自动记录访问者的地址、登录时间、所用的搜索引擎、所关注的主题、信息、页面等并提供后续的个性化服务。英国政府要求政府网站必须收集访问量、页面浏览量等数据，并在此基础上进行网站运行情况的评估。新加坡政府早在 2000 年就提出政府网站要利用信息技术，在数据分析的基础上不间断地对用户需求进行良好的反馈，建立起一个“以市民为中心”，市民、企业、政府合作的电子政府体系，让市民和企业能随时随地参与到各项政府机构事务中。日本政府还基于用户需求挖掘技术，提出“国民电子个人文件箱”的设想，实现世界最先进的“我的专属电子政府”，通过新一代网站用户行为分析系统，帮助网上服务部门及时感知网上服务需求热点，发现政府网上服务短板。这些实践为中国智慧政府门户的建设提供了良好借鉴。

目前我国的政府门户网站超过 8 万多家，县以上政府机构普遍都建立起门户网站。门户网站在提供信息服务、办事服务及政民互动服务方面发挥着越来越重要的作用。金关、金税、金盾、金审等一批国家电子政务重要业务信息系统应用进一步深化，取得了巨大的经济和社会效益。教育、医疗、就业、社会保障、行政审批、电子监察等方面政务信息化工程加速推进，食品药品安全、社会治安、安全生产、环境保护、城市管理、质量监管、人口和法人管理等方面电子政务应用持续普及，应用大数据、云计算、移动互联网等新兴电子技术，推出智能政务平台、手机 APP、一体化市民卡等服务。近几年来政府智能政务系统的公共服务分析工具的技术创新，开始朝向基于云模式采集用户行为数据，应用大数据分析平台开展用户行为挖掘的模式转变。近年来，欧美发达国家基于先进的网站智能分析工具，及时发现用户需求热点，精准推送网站服务的做法已经非常普遍，并且取得了良好的效果。

城市治理自治共治服务平台通过视频图像识别、市民热线投诉、APP 举报等方式发现城市问题，并在城市事件中心系统自动识别、分类、生成事件，城管事件中心会根据事件类别先判断是否属于自治事件，如果是自治事件（例如，店外经营，违章停车）则系统自动发送短信通知违章人员；如果该事件类别属于共治事件，则系统会把该事件发布到公益平台上让全民参与到城市的治理当中来，与政府共同维护城市环境；如果该事件类别不属于上述两种治理范围，则会按照原有流程下发给对应处置单位或街道。

基于人工智能和大数据的新兴技术手段实现对跨部门、跨行业、跨层级的海量数据进行处理，以智能感知、自动判断、协同调度解决传统的人工手动处理、线下流程联动所带来的效率低、协同难、时效差等问题，最终建成以智能化为核心，以全量数据处理为基础，以实时高效为特征的城市治理平台。治理平台针对具体的城市治理业务场景，进行一张图应用、事件感知、智能调度、联动处置、决策分析及平台配置用开发，应用 GIS 技术手段，在一张图上整合并呈现全量的感知数据，针对具体的业务场景对于动态发生的城市事件进行科学、高效的处置，基于移动端和大屏端对疑难问题实现吹哨，协同各部门实现案件处置，做到全程留痕，实现协同处置过程信息跟踪，为城市治理工作提供决策支持。

案例-智能媒体

媒体机器人

“丽莎（Lisa）”（德国，2016 年 1 月）：这也许是欧洲报道的最为广泛的俄罗斯虚假信息。俄罗斯第一频道曾报道，一名为“丽莎（Lisa）”的 13 岁俄裔德国女孩失踪 30 小时，并在德国遭到移民的性侵。德国警方很快判定这一事件是虚构的，丽莎自己也承认在那段时间里她和朋友在一起，但是为时已晚：德国和英国的俄罗斯媒体（RT 和 Sputnik）广为报道这个信息，并在社交媒体上广泛传播，最终导致了反移民和反默克尔的示威游行。

反北约宣传（瑞典，2016 年 8 月）：瑞典面临冲击的虚构故事，其负面影响波及瑞典与北约的军事合作，这些不实言论包括北约密谋在瑞典境内囤积核武器，北约拥有未经斯德哥尔摩同意就从瑞典领土攻击俄罗斯的特权，以及北约士兵可以对瑞典女性进行性侵，而不用担心被法律起诉。

MacronLeaks 运动（法国，2017 年 4～5 月）：法国总统马克龙是 2017 年春季与俄罗斯有关的虚假信息行动的目标。俄罗斯情报人员创造了虚假的 Facebook 角色，以监控当时的候选人马克龙。Facebook 承认它发现了大量的有关法国大选的假消息。另外马克龙竞选团队的大量电子邮件被黑客泄露，尽管这些电子邮件在选举前两天才被公开。而在依据法国法律媒体不得报道选情的那段时间里，Twitter 上的 MacronLeaks 运动在 3.5 小时内就发布了 47000 条推文。

案例——智慧司法

浙江杭州：朋友圈投放悬赏令

想象一下，当你刷朋友圈的时候突然看到了熟人的拒执悬赏令是怎样的心情？2019 年，浙江省杭州市江干区人民法院运用微信小程序在微信朋友圈投放悬赏令，对被执行人拒不履行行为予以失信曝光，同时引导有关财产线索知情人进行有偿举报，限制被执行人高消费和隐匿财产的行为让他们无处可逃！[1]

江干法院系省内首家运用微信小程序在微信朋友圈投放悬赏令的单位。该悬赏令在法院官网、公众号以及特定朋友圈同时同步发放。

为什么要用微信小程序公开悬赏？

法院在办理执行案件过程中，被执行人往往既不申报财产，也不主动履行债务，甚至通过转移财产等形式逃避执行。

江干法院推出的悬赏执行小程序，利用微信平台，通过广告投放曝光的形式，将悬赏公告精准定向投送至失信被执行人的周边人群（如亲戚、好友、同事），建立线索举报通道，通过悬赏的方式，借助群众力量，提高执行的效率，从而给失信人员制造压力，最终迫使其主动偿还债务。

朋友圈作为线上熟人的社交广场，通过模仿好友动态定制悬赏广告，能够达到良好的曝光效果，并依托社交关系链传播，迫使失信被执行人自觉履行生效法律文书的义务，同时为征集有效线索提供了良好的环境。

1 全国法院切实解决执行难信息网，浙江杭州：朋友圈投放悬赏令 金额最高 886 万元，2019-09-17，杭州江干区人民法院，http://jszx.court.gov.cn/main/ExecuteNewsletter/240087.jhtml。

悬赏费用如何出？怎么算？

举报人提供的财产线索经查证属实并实际执行到位的，就可以按悬赏公告发放悬赏金啦！悬赏金可直接从执行款中予以扣减发放。

江干法院近期发布的执行悬赏令，悬赏奖金为执行标的的 5%。

举个例子：某案件悬赏执行的其中一个被执行人未履行标的为 17735.17 万元，按照 5%的比例，那么这件案件的悬赏奖金高达 886.76 万元！

2. 智能信息系统治理

城市大脑不仅是科技创新，也是机制创新，加速了从数据封闭到数据开放的观念转变，通过打通城市的神经网络，对整个城市进行即时分析和研判，让数据帮助城市思考、决策和运营。

城市大脑是以打通政府部门和企业的信息关卡，为城市治理建设共享数据大平台，对整个城市进行全局实时分析，自动调配公共资源，让数据帮助城市来思考和决策，大脑将进化成能够治理城市的超级人工智能，实现城市的自我调节并与人类良性互动。

在“互联网+政府”等数据治理的趋势下，信息需求更趋复杂多样，信息组织深度融合，信息活动可以跨越组织和时空界限进行，其所追求和依靠的信息共享和互联互通与强权和集中控制为敌，必然要求政府和各行各业及社会公众共享信息资源与分享公共权力，从而使传统层级式的治理模式不能适应以电子政务为中心的多中心主体协调、共治的需要，而转向一种全新的治理模式——网络化治理模式，即人与人之间、组织与组织之间及个人与组织之间互相依赖形成“点对点”的网状结构，这些合作伙伴相互之间的联系、交流、沟通都依靠网状结构来进行。

通过以智能信息系统为基础的城市大脑等工程，对城市居民经济数据的分析和挖掘，能够有效确定困难群众、优抚对象，准确、及时、公平、有效地制定帮扶措施；通过对养老服务需求数据的获取、分析和发掘，能够精准、全面地了解城市养老现状，有效制定服务保障措施，优化调节养老服务资源，为城市居民养老提供支撑；通过采集城市各项基本数据，建立民生服务数据平台。

利用人工智能、大数据的手段和技术，将影响城市环境的各种数字信息及信息资源加以整合并充分利用，为优化城市环境科学依据，打造城市绿色家园；通过对数据实时收集和分析，得以实现个人出行的个性化、方便化、智能化，同时有助于缓解交通压力，让市民享受便捷、畅通的交通服务；对医疗领域海量大数据的整理、开放和应用，可以调节医疗资源分布不合理、改善医疗服务质量差、缓解看病难等问题，根据患者的个人健康数据更好地辅助医生治疗，同时可以开发全新的个性化服务及自动服务，通过人工智能、大数据在线应用的开发可以更好地普及健康知识、获取在线医疗咨询等，使公众能够享受更加公平、便捷、有效的医疗服务，大数据让智慧医疗走进群众生活；通过人工智能、大数据技术的开发和应用，丰富了教育的模式，扩展了知识获取的途径，缓解了教育资源分配不均衡带来的问题，同时大数据能够更加全面地了解学生的情况，有针对性地制定个性化、差异化的教育和学习方案，使教师确定最有效的教学方式。

城市智能信息系统是人工智能、大数据在各民生服务领域的探索应用的基础，构建该子系统成为政府改善民生、服务群众的有效治理手段，使得政府向市民提供方便、精准和快捷的民生服务保障成为可能。

案例——智能信息系统

城市大脑：打造城市数字治理金钥匙[1]

2016 年，杭州市政府公布了一项大胆的计划：为这座拥有 2200 多年历史的城市，安装一个人工智能中枢——杭州城市大脑。

“把城市大脑写进市委市政府文件的，杭州是第一个。”王坚在多个场合都反复提到这个“第一”。这个看似不可能完成的任务，杭州已经走出了第一步。

2017 年的云栖大会上，“城市大脑 1.0”正式发布，并交出了智能治理城市的周年答卷。

2018 年 9 月的云栖大会，“城市大脑 2.0”发布，它已成长为新的基础设施，管辖范围更广。29 个工作专班，300 余人进驻云栖小镇集中攻坚，使城市大脑的逻辑构架不断完善，机制平台不断形成，应用场景不断丰富，形成了警务、交通、城管、文旅、卫健、房管、应急、市场监管、农业、环保、基层治理 11 大系统、48 个场景同步推进的良好局面。

2019 年 7 月，杭州城市大脑再度升级。在半年时间里，25 个部门、13 个

1 杭州日报，城市大脑：打造城市数字治理金钥匙，2019.8.20，https://hzdaily.hangzhou.com.cn/hzrb/2019/08/20/article_detail_1_20190820A115.html。

区县市包括4个街道，共接入了347个系统；有29个工作专班，它们的工作中有48个场景，汇聚了大大小小67个部门的数据。而城市大脑建设以“五位一体”为顶层架构，覆盖经济、政治、文化、社会、生态5大领域，成为城市数字化的核心引擎。

党的十九大提出“推进国家治理体系和治理能力的现代化”。城市大脑能够对城市进行全局即时解析，有效调配公共资源，修正城市运行中的缺陷，成为治理城市的资源和能力平台。城市大脑借助“数据资源是未来城市发展中的决定性资源”的理念，使百行百业在数字化升级中焕发出新的活力，进而推动经济增长、惠及大众民生。

作为智能治理的典范，城市大脑将原本分散在各个部门、相互孤立的数据资源联通共享，通过建立一个高速运转的城市“CPU”，不断提升政府的服务效能，让决策更科学、让生活更美好。在杭州打造“中国数字经济第一城”的过程中，城市大脑正在让杭州成为一座数字系统治理之城。

便捷的自助入住机极大地简化了入住流程，游客只需将身份证在感应区上刷一下，并进行人脸识别，机器上就会显示预订订单，确认支付后，就能拿到房卡入住了。在杭州城市大脑最新的应用发布会上，自助办理入住等一批便民应用新场景上线，引人关注。

便民出行、便捷停车成为城市大脑应用的一大重点。“先离场后付费”，只要车主在城管停车系统内将车辆与支付方式进行绑定即可，目前已覆盖杭州市26万多个停车位，其中包括杭州大厦、西湖银泰、杭州东站等30多个大型停车场。为破题医院周边停车难，城市大脑整合杭州市一医院及周边500米范围内的1293个停车位的实时数据，通过挂号APP、交通广播、地面引导牌等实时发布停车位信息，引导市民快速找到车位。

此外，通过“非浙A急事通”，杭州以外车辆高峰期能自助申请电子通行证；云栖小镇便捷泊车系统，实现了小镇全域停车位实时调度；萧山特种车辆一键护航，对特种车辆开通智能绿色通道；余杭未来科技城推出的道路延误指数，通过大数据计算实时更新交通方案，提前应对可能出现的拥堵路况……

针对游客反映最多的堵车、排队、等候等“痛点”，城市大脑推出了“10秒找空房”“20秒景点入园”“30秒酒店入住”等服务。游客可以通过微信“找空房”小程序找到附近空房；凭预订短信内的二维码，能直接在杭州22个景点的闸机上扫码入园；在75家已完成自助服务升级的杭州酒店，可实现30秒入住。同时，杭州公园卡也从实体卡变成数字卡，在家花一分钟就能办妥。

百姓关心的“看病难”也变得不再难。2019年7月1日起，在杭州市245家公立医疗机构，包括38家县（市、区）级公立医院、195家社区卫生服务中心和一家省级医院（省人民医院）看病，全程只需付费一次，并且可在就诊结束后48小时之内或离院前通过自助机或手机等进行支付。

数字，既是城市活动的轨迹，也是城市治理的密码。杭州正在成为数字治理系统解决方案的输出地。

同时，“城市大脑”正在加速统筹各行业、各领域数字化建设应用，并定下时间表：2019年，“城市大脑”在交通治理领域实现主城区全覆盖；2020年，城管、医疗、房管、安监、市场监管等领域系统建成投用；2022年，实现城管等领域应用全市全覆盖，亚运、旅游、环保、消防等领域系统建设全面完成并投入使用。

从“移动支付之城”“移动办事之城”到“5G之城”，数字经济的基因已被深深植入杭州并使之成为中国数字经济发展样本。

3. 能源系统治理

智能城市能源系统是城市智能治理体系的一个子集。智能城市能源系统的构建可以选择以泛在智能能源物联网为基底，采用城市智能治理体系的思想、方法、技术、模式，打造面向城市能源领域的专用智能子系统。

当前我国智能城市在智能能源子系统建设发展方面主要存在以下问题：

第一，系统性的理论体系尚未建立。城市级智能能源子系统需要一套严谨的理论体系来支撑。目前，对城市级智能能源子系统的定义、边界、构建方法、主要任务、实施路径等关键问题并没有真正理清，也没有形成成熟的理论体系成果和实施方案，因此在某种程度上制约了实际项目的质量。

第二，核心技术仍需突破。城市智能能源子系统涉及的技术面较宽，不是由单一学科支撑的。目前，城市智能能源子系统中的以下核心技术仍未得到很好解决：一体化城市级能源大数据资源体系的构建；城市智能能源统一网络体系的构建；城市智能能源系统中的智能系统模型（含机器学习算法）体系的构建；城市智能能源细分业务领域建模。总之，还有很多技术与能源应用系统相融合时出现的技术问题还需进一步突破。传统电力系统存在着一系列问题，如用电峰值时的电荒信息获取不及时造成的设备利用率低等。而智能电网为解决上述问题提供了技术方案，智能电网和传统电力系统之间的区别如图 4-7 所示，最大的差异性之一在于配电环节在传统电网中用户不能实时地了解电价信息，配电公司也不能了解用户的用电信息，由此可能造成能源的浪费。而在智能电网中用户与配电公司都可以了解与自己密切相关的信息，借此双方即可以获得最大的经济利益，又可以节约电能。例如，用户在电价低的期间，可以为电动汽车充电，用洗衣机洗衣服等。在电价高的期间可以把电动汽车的电能接入电网中由此获得差价。

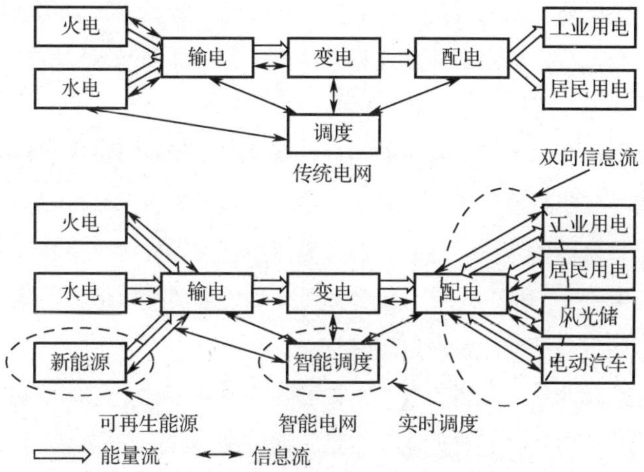

图 4-7　传统电网和智能电网区别示意图

第三，体制、机制仍需健全。当前，我国面向智能城市的智能能源子系统方面的政策法规仍处于空缺状态，相关的政府管理部门、企业及这些单位内部的组织架构、体制、机制是否能够满足智能能源子系统发展的实际需求，都有待细致调研分析，并加以改进完善。[1]

以城市生命体中最重要的能源——电能为例，智能电网是一个有着复杂又庞大规模的系统，是典型的信息物理系统研究对象。智能电网包含电网运行的信息过程和物理过程，为了提高电网的设备和能源的利用率，并且让电网安全、可靠及稳定地运行，需要一种全面、智能的方式，让信息过程和物理过程有机地相互融合，最终优化和提升电网系统的整体性能。智能电网目前主要关注以

1《中国能源报》，绿色智慧城市建设应以泛在能源物联网为基底，2020 年 4 月 6 日，第 28 版。

下两个技术能力。

第一，综合运用智能城市电网多源信息系统融合技术，整合电网模型、图形及基础台账信息，对现代城市电网、通信网及城市地下电缆管网实时运行状态进行数据采集、监测、研判、控制与故障抢修，实现输变配用及城市电缆管网两大融合，实现智能城市电网配电线路 FA（Feeder Automation，馈线自动化）功能全覆盖，可显著提升城市电网运行的安全、可靠、高效与经济水平。

第二，智能电网系统的自主协调与大范围实时通信能力，可在太阳能、风能、生物能等不稳定新能源加入的情形下，实现分布式电能的合理生产与调度，提高电网的负载能力和稳定性，改善电力系统的性能。同时，通过对无线信号的传感与控制，可提高对智能家电和电动汽车等各种智能可控负载的管理和协调能力。

智能城市生命体能源子系统的治理需要通过构建城市泛在智能能源物联网的建设开发与综合应用来实现，具体包括以下四个方面：

第一，综合能源体系。综合能源体系是指泛在智能能源物联网的承载，能够将诸如风能、太阳能、地热、生物能等多种能源突破地域和环境限制输送到各类用户，并将多余的能量有效地储存。

第二，空天地泛在网络技术。主要包括 5G、传感网、工业控制网络、空天网、互联网、广电网等各种形式的网络。通过空天地泛在网连接供求两端，实现能源流、能量流、信息流、物流、人流、资金流等多资源流的互联互通与高效协同，管理者和用户可以及时获取能源的供给和需求数据。

第三，基于智能的知识应用和决策体系。大数据与人工智能技术融合，再与应用体系、管理流程等融合形成知识驱动型智慧决策体系（简称知识决策）。“大数据智能应用体系+知识决策体系”是支撑泛在智能能源物联网落地实现的关键。

第四，能源新基建体系及其商业模式。泛在智能能源物联网是一个高度开放、深度融合、高效协同、频繁互动的系统，随着能源市场的逐渐开放，其构建的能源新基建体系会吸引更多参与者，成为商业主体投资的新热点，打造出以用户为中心、以数据为核心、以技术为驱动力、以创新为契机的能源新基建商业模式，创新能源经营理念。

案例——智能能源

泛在智能能源物联网

绿色智慧城市建设，应该以泛在能源物联网为基底。对此，相关人士提出E2X——“Energy to X”（能连万物）概念，认为E2X的实现由三个步骤组成：

第一步是多种能源间互联，也就是E2E（Energy to Energy）[1]；第二步能源与其他基础设施及城市部件的互联，即E2C（Energy to Infrastructure and City）；第三步是构建城市内部综合能源体系（下称“城市综合能源体系”），即由城市综合能源体系叠加人工智能后形成绿色智慧城市智能能源物联网。由绿色智慧城市智能能源物联网拓展连接城市外部智能能源体系，进一步构建出广域意义上的泛在智能能源物联网。

以E2X为手段，可基于城市能源节点，层层扩展，经由城市综合能源体系（含城市能源基础设施体系、城市能源互联网、城市智能能源管理体系），抵达绿色智慧城市。

与智能电网相比，泛在智能能源物联网试图把各种能源形式组合成一个超级网络，它包含了智能电网、城市基础设施、互联网、通信、智能控制、人工智能等众多智能、基础设施及绿色要素。

4. 交通及基础设施系统治理

在城市交通运输上，目前主要存在交通网络拥堵、交通事故频发、燃油消耗与碳排放高、道路运输能力与利用效率不均衡等问题。

智能城市交通治理通过整合城市交通检测器、浮动车、视频、信令等全方位交通数据，进行线上线下多源数据融合，打造统一的路网中心，精准刻画城市交通流，建立科学精准的交通评价体系。基于数据驱动+人工智能的云计算技术构建智能时代的城市智能交通系统，创新机器智能+专家智能“人机结合”的人工智能信号配时体系；建立通行效率、违法稽查、重点人车等多维智能研判情报体系，并“通过感知-研判-指挥-处置-督查”的全闭环流程实现道路交通管理的“情指勤督”[2]，通过平台进行统一指挥和调度，提高城

1 《中国能源报》，绿色智慧城市建设应以泛在能源物联网为基底，2020年4月6日，第28版。

2 情指勤督：指情报、指挥、勤务、监督的四位一体的勤务体系。

市交通服务的承载力和运行效率，改善城市运行环境，提升整个城市交通管理服务的智能化水平。

智能城市交通治理子系统涉及众多的传感器、路灯、信号系统、交通态势分析与智能决策系统等，具体分析如下：

传感器：每个智能传感器设备都必须包含通信与计算的能力，而且信息物理系统中的反馈是包含了人和生物在内的“Cyber-Physical”（赛博–物理）反馈过程。射频标签 RFID 则在智慧物流和商品追溯上可以起到更大的作用。RFID 可以从商品出厂开始，记录商品在检验、入库、运输、进入超市和菜场、被市民购买等全过程中每个节点的信息。

路灯：智慧路灯将成为重要的数据入口，对城市的道路、交通、行人、车辆、安防等信息的采集而言，路灯无疑是极佳的可利用的载体。有路的地方必然有路灯，伴随路灯布局，智能城市系统中相关交通、行人和安防的数据采集就可以轻易覆盖整个城市道路而不留死角。目前，智慧路灯已经面世，配有摄像头、显示屏、紧急呼叫、RFID 感应等设备，并装备了 4G 或其他无线通信系统。摄像头用来观察路面和行人的状况，并把采集的图像和其他数据通过相关通信系统传回控制平台。一些比较高级的安防摄像头还可以实现远程控制，也就是说，控制平台可以随时转换每个摄像头的拍摄角度以获取更加高质量的画面。智慧路灯上的显示屏负责显示交通拥堵情况、前方道路状况等相关的交通信息。当摄像头捕捉到某个路段严重堵车时，后台可以把相关的信息显示在附近道路的路灯所附带的显示屏上，便于驾驶员看到后及时绕道。

信号系统：交通信号优化控制系统通过对交警数据和互联网数据的融合分析，得到交通综合评价指标，在此指标基础上按照单路口、子区、区域三个层次进行信号优化和评估，通过信号配时中心进行处置，并将处置结果回流到平台中。

交通态势分析：交通态势感知分析是基于多元融合数据的交通评价体系，对城市交通的宏观态势和具体区域、路口、路段的情况进行综合感知分析，它能够对设施指标、道路拥堵程度、路口车辆类型、路口态势、车辆和出行特征等进行数据查看、统计和分析，应用统计和智能化算法对数据特征进行分析，得到一个及时准确的交通特征表达。同时，还可以实时掌握着城市道路通行车辆的轨迹，停车场的车位信息以及小区的停车信息。经过综合分析提前预测交通流量变化和停车位数量变化，合理疏导交通，实现机场、火车站、汽车站、

CBD 商圈的大规模交通联动，提升整个城市的运行效率，为居民的智慧出行提供保障。

智能决策系统：基于人工智能的事件感知与推送能够实现“事件感知-预警识别-大数据分析-处置预案推送-调度处置-事件统计分析”的全流程的规范化处理，对接情报分析、勤务管理等子系统，实现对交通视频的智能分析、交通事件的智能预警和智能调度，实现交通及基础设施子系统治理能力的智能化提升。

案例——智能交通

电动柏林（E-Mobility Berlin）：创新型城市公私部门经营模式

欧洲家庭的每月平均交通开支高达 500 欧元。由此可见，交通运输市场的吸引力达到了前所未有的水平。电子交通的最新发展正在改变着交通业的结构，而新的经营模式也已超越了传统的汽车价值链。“电动柏林”（E-mobility Berlin）计划是一项由汽车制造商戴姆勒、德国莱茵能源公司和德国联邦政府联合发起的旨在为柏林市提供电动汽车的项目。

戴姆勒公司将提供 100 多辆电动智能汽车及专门的车辆服务。莱茵能源公司负责充电基础设施的开发、安装和运行，并将设立 500 个充电点，为系统提供所需电力并保持对系统的集中控制。同时，德国联邦政府也在其中扮演着重要角色，负责鼓励私营部门投资、召集利益相关方讨论相关问题和解决方案，并制定支持性的政策框架。“电动柏林”联合项目是一个展示不同部门为实现共同目标并创造持续经济效益而通力合作的典范。

5．水资源系统治理

城市水资源主要有生活用水和工业用水两种用途。随着城市社会经济的发展，越来越多的人涌入城市居住和生活，给城市供水造成了巨大的压力，再加上人们节水意识缺乏，使得城市用水的缺口不断增加。

在水资源短缺的情况下，供水企业只能调用一切可以利用的水资源优先满足人们的生活用水，导致城市河道内的水量越来越少，直至干涸，城市生态系统的调节能力彻底丧失。工业生产规模的不断加大，使得工业废水的产量越来越多，如果没有进行合理的处理就将其排出，会对城市的水环境造成污染。不管是水资源的短缺还是水资源的污染都会导致水环境的破坏，而水环境一旦受到破坏，城市生态系统的净化、恢复能力就会被削弱，最终导致整个城市的生态环境不断向着恶化的方向发展。

城市水资源治理系统的首要目标就是预防水污染，不能等到污染发生再去解决问题。其次城市发展过程中应该注重产业结构的优化，合理的产业布局要求遵循自然规律，在环境容量允许的情况下发展，根据环境容量差异，配合实施各项相关措施，使城市水环境系统向着好的方向发展。

城市水环境治理过程是否顺利，离不开建立在对城市水资源全面“检测-处置”一体化的智能系统，以及完善全面的水环境监控管理体制的配合和支持。

城市生命体水资源智能治理系统不仅是为水务部门开发的管理系统，还适用于水务部门监控自备井取水、监测水厂进出水流量、监测明渠流量、监测地下水水位、监测水源地水质及进行水资源远程售水管理等，更能够针对城市水环境治理的薄弱环节及相关规划脱节的问题，完善对城市水环境系统做全面研究，建立城市水环境系统整体规划机制，明确规划方案和规划施行目标，使城市水环境系统遵循自然规律呈良性循环。[1]

案例——智能水治理

“十四五”水环境治理设定新目标：基本消除城市黑臭水体

《水污染防治行动计划》即“水十条”发布5年后，其提出的重点任务——城市黑臭水体治理又迎来新目标。

2020年11月3日，新华社播发了《中共中央关于制定国民经济和社会发展第十四个五年规划和二〇三五年远景目标的建议》(简称《建议》)，其中要求，治理城乡生活环境，推进城镇污水管网全覆盖，基本消除城市黑臭水体。[2]

根据住建部发布的《城市黑臭水体整治工作指南》，城市黑臭水体是指城市建成区内，呈现令人不悦的颜色和（或）散发令人不适气味的水体的统称。全国城市黑臭水体整治信息发布网站上公布的数据显示，全国列入整治清单的黑

1 周强，城市水环境治理和污染控制措施，《科学与技术》，2020年15期，2020-09-30。

2 界面新闻，“十四五”水环境治理设定新目标：基本消除城市黑臭水体，2020-11-6，https://xw.qq.com/cmsid/20201106A036F000。

臭水体河流共有 2869 条，完成治理的有 2313 条，占比约为 79.9%，正在治理中的为 556 条，占比约为 19.4%。

此前，“水十条”曾提出到 2030 年，城市建成区黑臭水体得到总体消除的控制性目标。生态环境部部长黄润秋在全国水生态环境保护工作视频会议上曾表示，要确保 2020 年年底黑臭水体消除比例达到 90%以上。

同济大学环境科学与工程学院教授柴晓利在接受界面新闻采访时称，控制污染源，建设截污管网，将污水收集、处理达标后排入河道是治理黑臭水体最关键的措施。柴晓利称，“水十条”发布后，经过 5 年时间，我国大中型城市的污水管网建设已较为完善，污水的收集和处理效率明显提高。

但他认为，大中型城市在水环境与黑臭水体治理实践中仍存在着问题和挑战。“例如，在一些大城市，下雨时河道水质会变差。这是因为在核心城区，污水的收集管网是合流制，雨水和污水流入同一个管道，当污水的截流倍数不够，储蓄雨水会进入河道，成为河道污染的重要原因。”柴晓利说：“要解决这个问题，在城市中心城区实施污水管网改造，从投资和周期上来说，都属于长远计划。”

柴晓利提到，大中型城市和乡镇地区在污水的收集和处理效率上处于不同发展水平。“乡镇的污水管网收集效率不够，导致有些污水直接排往河道。在后续的规划过程中，针对乡镇一级污水管网的建设仍需做大量工作。”他说：“尤其在我国南方丘陵地区和山区，降雨量较大，污水管网的建设成本也高。在城市里，每家每户的污水处理费用会合并在自来水的水费当中。但在乡镇，污水处理费用应当如何收取，也是在推进城镇污水管网全覆盖过程中面临的重要问题。”

除了城市和乡镇的差别，不同地域在进行水污染治理时的诉求也不尽相同。北控水务集团水环境技术总监冒建华在接受媒体采访时曾提到，华南地区是国家水污染考核的重点区域，这些地区项目的限定因素往往不是资金，而是如何在保持现有经济发展的基础上解决突出的黑臭水体问题，让水环境治理的投入更有效。

而华东地区水环境治理的重点已不再是黑臭水体治理，而是消除劣质水体。以江浙地区的太湖蓝藻治理为例，它已经从简单的治理技术问题演变为涉及区域产业结构调整、社会引导管理、生态环境管理等诸多领域的复合问题。华北地区（主要为京津冀地区）目前则依然是以消除黑臭水体为主。

中国工程院院士、环境工程专家侯立安在此前的讲座中也指出，由于中国水体地域分布为南方多北方少，且南方气温较高，所以黑臭水体占比较大。此外沿海城市等经济相对发达的地区，黑臭水体占比也较大。要治理黑臭水体，必须从中国的实际情况出发，一河一策、因地制宜。

不过，针对京津冀、长三角、珠三角区域城市建成区，住建部 2018 年发布的《城市黑臭水体治理攻坚战实施方案》中提出统一要求，鼓励其尽早全面消除黑臭水体。对此，柴晓利认为，到 2020 年年底，国内大型和特大型城市基本能够达成这一目标。

2020 年年初，生态环境部启动了《重点流域水生态环境保护“十四五”规划》编制工作，这是生态环境部成立以来编制的第一个流域规划。生态环境部总工程师兼水生态环境司司长张波曾向媒体表示，“有河有水、有鱼有草、人鱼和谐”就是“十四五”规划追求的目标任务。

“在治理好黑臭水体的基础上，进一步提高水的水质，恢复水生态健康，使生物多样性比较丰富，生态链比较完整，使水体本身恢复功能，这是今后更加长远的目标。”柴晓利说。

6. 大气环境系统治理

PM2.5 是城市环境污染的主要形式之一。很多城市都开始建设地面空气监测站来实时感知地面的空气质量。但是由于建设监测站的成本高昂，一个城市通常只有有限个站点，并不能完全覆盖整个城市的范围。

2013 年 9 月，中国发布实施《大气污染防治行动计划》（以下简称《大气十条》），明确了 2017 年及以后更长一段时间内空气质量的改善目标，并确定了中国城市空气质量改善路线图。《大气十条》实施以来，全国城市空气质量总体改善，PM2.5、PM1.0、二氧化氮（NO_2）、二氧化硫（SO_2）和一氧化碳（CO）年均浓度和超标率均逐年下降，大多数城市重污染天数减少。2015 年，全国 74 个重点城市 PM2.5 平均浓度为 55μg/m^3，相对于 2013 年的 72μg/m^3 下降 23.6%；日均值超标天数的比例由 2013 年的 33.2%降至 2015 年的 20.8%。其中，京津冀重度及以上污染天数比例同比下降 7 个百分点；PM2.5 年均浓度同比下降 17.2%。珠三角区域空气质量改善幅度最大，区域 PM2.5 年均浓度为 34μg/m^3，率先达到国家二级标准（35μg/m^3），说明中国可以解决特大城市群在快速发展中的空气污染难题。[1]

城市噪声是城市环境污染的另一种形式。城市的发展带来了很多噪声源，如汽车鸣笛、酒吧和建筑施工等。这些噪声不仅会影响人的睡眠质量、降低工作效率，还会对人体的精神和健康产生危害。CityNoise[2]结合路网数据、兴趣点数据和社交媒体中的签到数据来协同分析各个区域在不同时间段和噪声类别上的污染指数。有了这样细粒度的噪声指数，政府能够做出相应决策来缓解城市噪声污染。

在智能环保领域，众多城市已建立起环保信息中心，积累了大量的城市环境监测数据和重点污染源监测数据。如江苏省环保厅启动了基于地理信息系统（GIS）技术的 1831 江苏省生态环境监控系统，实现了每两小时实时更新的自动数据采集，能够实时感知全省 4 万亿元经济总量下 10.26 万平方千米区域内生态环境的安全与健康程度。2020 年，形成了覆盖全省的天、空、地一体化生态环境监测网络，大气、水环境质量监测预警预报能力的明显提升，同时实现了 PM2.5 精准管控、重污染天气和突发环境污染事件有效应对。

城市生命体智能大气治理系统应在利用有限个地面监测站的实时和历史空气质量数据基础上，结合其他子系统的交通流、道路结构、兴趣点分布、气象条件和人们流动规律等大数据，利用人工智能工具建立各类数据和空气质量的映射关系，从而推断出整个城市细粒度的空气质量，及时做出城市治理办法，协同其他生命体子系统，共同塑造城市的清洁大气环境。[3]

案例——智能大气治理

如何提高各城市大气环境精细化管理水平？

近些年，随着城市化、工业化进程加快，以雾霾为主的区域大气污染事件屡屡发生，尤其是秋冬季重污染天气频繁，大气污染问题受到了各界的关注。大气污染的监测和治理是我国生态环境质量持续改善的关键举措，是当下打赢

1 科技潮人，中国城市大气污染治理路线图及典型案例分析，http://mp.ofweek.com/emc/a445653926586。

2 Zheng Y，Liu T，Wang Y，et al. 2014. Diagnosing New York cites noises with Ubiquitous Data [C]. UbiComp，Seattle，WA，USA.

3 Zheng Y，Chen X， Jin Q，et al. 2014. A cloud-based knowledge discovery system for monitoring fine-grained air quality [R]. MSR-TR-2014-40， Beijing， China.

污染防治攻坚战中的重要组成部分。

1. 构建智能化的环境感知网络

通过建设大气监测监管平台，在融合现有的国控站、市控站、工业在线监测数据的基础上，针对各城市监测区域构建天、空、地一体化的空气质量立体监测网络，具备全方位的智能化感知能力。

2. 大气污染的时空分布[1]

通过对城区居民区、农村乡镇、重点工业企业、道路交通、建筑工地、区域边界、污染物传输通道等多种环境的监测，实现对大气环境的全覆盖式网格化精准监控，实时掌握区域内污染分布状况及空气质量变化趋势，准确掌握城市大气污染的特征规律和时空分布，促进环境监测与监管能力的提升。

3. 针对污染的靶向定位和精准溯源

利用先进的大数据和云平台技术，结合大气受体模型、源清单模型、污染扩散模型等专业大气和气象算法模型，针对空气质量监测数据超标（超限）的状况，对造成环境污染的主要污染源进行准确追溯，为污染源追溯提供技术手段。

4. 大力提高空气质量研判能力

通过大数据、人工智能技术与环境监测业务的深度融合，为大气污染精准治理和空气质量达标提供事前研判、事中跟踪、事后评估的一体化大数据服务。真正弥补基础环保部门缺乏空气质量研判、污染态势评估、治理成效评价等专业性工具平台系统的短板，为城市大气环境管理提供有力支撑。

5. 实现大气污染治理精准发力

通过一张图的展现形式，迅速掌握污染源分布数量，了解水环境自动站、断面的分布情况。统计出每种管控类型的优先、重点、一般管控区的个数及面积占比，并根据不同的管控类型结合环境质量数据进行分析，管控单元所在区域属性情况结合环保业务数据的水环境质量、大气环境质量、污染物排放情况及投诉该区域的污染源的投诉和处罚情况，为人工决策提供有效依据。

以物联网和大数据技术为核心，建立空气质量网格化精准监测与大数据决策平台系统，有效提高各城市大气环境监管的针对性、科学性和准确性，通过监测数据与大数据技术的深度融合，切实提高各城市大气环境精细化管理水平。

---

1 博沃智慧：如何提高各城市大气环境精细化管理水平？2020-12-04，https://www.sohu.com/a/436150087_120775487。

7. 生产系统治理

数字经济已成为智能城市建设的重要组成部分，城市通过发展数字经济形成叠加溢出效应，将更好地支撑城市创新转型，引领城市现代经济体系和生产方式加速向网络化、数字化、智能化演进。各地区因地制宜推进区域数字经济部署，大力推动本地产业数字化转型，重视数字经济监测评估，力争抢占新一轮数字经济竞争制高点，提升城市竞争力。

我国经济发展进入新常态，实质是我国经济发展已经进入高效率、低成本、可持续发展的中高速增长阶段。对于新常态下城市产业发展的分析和预测尤为重要，可以通过构建智能生产治理系统对生产系统科学、准确地分析预测才能制定科学的产业政策、编制产业发展规划、调整产业结构，确保经济运行总体平稳。城市智能生产治理系统综合利用互联网公开数据、政府侧统计数据及园区侧运营数据对区域产业发展形势进行深入分析，实现基于大数据和人工智能的综合管理模式，为精准施政，招商引资提供决策支撑，明确区域发展与优化方向，展现城市运行管理中的数据融合价值。引入多方面数据，并贯通打通，对城市产业园区和企业进行综合评估；全面、准确地认识区域经济和企业发展情况，并有针对性地实施政策，使用智慧金融手段，提供更安全高效的全套金融解决方案扶持重点企业，发掘高潜力企业，有效地监控和预警企业风险；综合分析行业现状和趋势，企业上下游和供应链关系，信用评级，辅助园区进行招商引资，对企业进行商机撮合，协助有潜力和创新能力的中小企业融资。

智能制造是基于新一代信息通信技术与先进制造技术深度融合，贯穿于设计、生产、管理、服务等制造活动的各个环节，具有自感知、自学习、自决策、自执行、自适应等功能的新型生产方式。智能制造对人工智能的需求主要表现在以下三个方面：一是智能装备，包括自动识别设备、人机交互系统、工业机器人及数控机床等具体设备，涉及跨媒体分析推理、自然语言处理、虚拟现实智能建模及自主无人系统等关键技术。二是智能工厂，包括智能设计、智能生产、智能管理及集成优化等具体内容，涉及跨媒体分析推理、大数据智能、机器学习等关键技术。三是智能服务，包括大规模个性化定制、远程运维及预测性维护等具体服务模式，涉及跨媒体分析推理、自然语言处理、大数据智能、高级机器学习等关键技术。例如，现有涉及智能装备故障问题的纸质化文件，可通过自然语言处理，形成数字化资料，再通过非结构化数据向结构化数据的转换，形成深度学习所需的训练数据，从而构建设备故障分析的神经网络，为下一步故障诊断、优化参数设置提供决策依据。

智慧金融对于金融机构的业务部门来说，可以帮助精准服务客户，提高效率；对于金融机构的风控部门来说，可以提高风险控制，增加安全性；对于用户来说，可以实现资产优化配置，体验金融机构更加完美的服务。人工智能在金融领域的应用主要包括：智能获客，依托大数据，对金融用户进行画像，通过需求响应模型，极大地提升获客效率；身份识别，以人工智能为内核，通过人脸识别、声纹识别、指纹静脉识别等生物识别手段，再加上各类票据、身份证、银行卡等证件票据的 OCR 识别等技术手段，对用户身份进行验证，大幅降低核验成本，有助于提高安全性；大数据风控，通过大数据、算力、算法的结合，搭建反欺诈、信用风险等模型，多维度控制金融机构的信用风险和操作风险，同时避免资产损失；智能投顾，[1]基于大数据和算法能力，对用户与资产信息进行标签化，精准匹配用户与资产；智能客服，基于自然语言处理能力和语音识别能力，拓展客服领域的深度和广度，大幅降低服务成本，提升服务体验；金融云，依托云计算能力的金融科技，为金融机构提供更安全高效的全套金融解决方案。

案例——智能生产

湖州开发区：智能制造释放智慧城市建设倍增效应

湖州经济技术开发区成功获评国家“第三批绿色园区”，辖区企业微宏动力锂离子动力电池智能制造试点示范项目成功入选“2018 年国家智能制造试点示范项目”，久盛电气被评为国家级绿色工厂，园区绿色智造特色日益彰显。[2]

为助力打造现代智慧城市，湖州开发区正不断做大智慧产业规模，形成创新集聚的智慧产业体系，全面提升城市经济活力和产业竞争力，建设智造之城。

---

1 智能投顾：又称机器人理财，是指利用云计算、智能算法、机器学习等技术，将现代资产组合理论应用到模型中，结合投资者个人财务状况、风险偏好和收益目标，为投资者提供最佳投资组合。

2 湖州在线－湖州日报，湖州开发区：智能制造释放智慧城市建设倍增效应，2019.1.5，https://town.zjol.com.cn/cstts/201901/t20190105_9172525.shtml。

2018 年以来，湖州开发区积极推动智慧城市建设向行业领域纵深推进，着力加快互联网、大数据、人工智能与实体经济的融合，发挥信息化在经济社会发展全局中的引领带动作用。

在湖州开发区，政府进行顶层设计，推动数据整合、共享，提升政务等应用领域的智慧程度。企业则借助数字技术，提供各类智慧城市解决方案与产品服务。不管是政府还是企业，都已然达成共识——致力于为城市居民创造更美好的生活：让“数据多跑路、办事少跑腿”。2018 年开发区网上政务建设明显提速，企业感受到了企业投资项目开工前“最多 100 天”改革后登记办事的便利；在物流集散中心安装监控，随时了解每一批货物的去向，万物都有了“身份证”；工业互联网不断架构，向各个应用场景全方位延伸，使得数字化社会的轮廓愈发清晰……

湖州开发区有关负责人表示，该区作为湖州经济建设的主阵地、主平台、主引擎、主力军，有责任在加快实体经济数字化转型方面勇立潮头，也有信心在推动智能经济高质量发展方面走在前列。下一阶段，湖州开发区将积极贯彻落实会议精神，围绕《加快数字湖州建设打造现代智慧城市三年行动计划（2019—2021 年）》，深入推进智能制造，培育推广智能制造新模式、新业态，系统提升制造装备、制造过程、细分行业应用的智能化水平，加快产业智能化的升级。

“此外，我们还将大力推进互联网、大数据、人工智能和实体经济的深度融合，以工业互联网企业上云、智能化改造为抓手，加速创造产业数字化转型，推动云计算、大数据、物联网、人工智能等新兴产业新发展，培育发展共享经济等新业态、新模式，完善一批信息基础设施，提升数字经济发展网络保障能力，坚持以‘最多跑一次’改革为牵引，以政府数字化转型为先导，深化体制机制改革，打造数字经济发展的最优环境。”该区相关负责人表示。

案例——智慧金融

广发银行创新“智慧金融”打造“智慧城市”[1]

广发银行主动顺应时代变革，发挥“智慧金融”优势，致力打造“广发中国”的智慧城市服务，已形成智慧商事、智慧法院、智慧医院等行业的场景化

1 新华网，广发银行创新“智慧金融”打造“智慧城市”，2019-02-01，http://www.xinhuanet.com/money/2019-02/01/c_1124074089.htm。

服务方案。

智慧城市是指将信息技术与城市建设有机融合，运用互联网、云计算、大数据、社交网络等工具和方法，将城市信息化推向更高阶段。广发银行利用场景化服务优势积极对接各类政务平台，从服务单一企业到服务产业链，为城市建设提供智慧金融服务。

创新“智慧商事”。业内创新推出“粤澳商事登记银政通”，在东莞分行成功落地业内首张企业电子证照银行卡，为“大众创业、万众创新”注入金融和科技活力，为客户提供便捷高效的优质金融服务。

打造“智慧法院”。2018 年 8 月，广发银行与广东省高级人民法院签署合作备忘录，创新“互联网+金融”业务模式，协助法院提高财产处置效率、网拍溢价率和成交率，提供案款管理、发放、结算、理财等一揽子综合金融服务，助力广东高院“用两到三年时间基本解决执行难”的决策部署，共同实现银政互利共赢。

建设“智慧医院”。近日，广发银行江门分行联合江门市人力资源和社会保障局、江门市中心医院推出社会保障卡诊疗“一卡通”系统，为市民提供挂号、缴费、查询、打印等一站式自助服务，开创了当地“政银医”合作新模式，深受当地市民好评。

这是广发银行积极推动城市智慧金融落地应用，构建以社保卡为基础、以教育和医疗为应用场景的“智慧城市”生态圈典型案例。该行联合中国银联直击就诊者面临的挂号难、排队长、流程烦琐等痛点，通过智慧医疗平台，有效协助医院解决患者排队时间长、看病时间短、运营效率低等问题。至今已有全国三分之一的三甲医院支持该项业务受理，后续还将覆盖更多医院，造福更多患者和家属。

升级“智能网点”。近年来，广发银行以全国“网点智能化转型”作为“智慧城市”服务切入口，以客户体验为中心，推出“网点 3.0” 版本。与传统网点相比，“网点 3.0”的布局分区更为科学，环境设置更为舒适，特别是通过扩大厅堂营销区、增加智能服务区、设立特色服务区、配套了新一代智能机具等，为客户提供了更为便捷的金融服务及多元的特色服务，确保多个交易可一次完成办理，提高服务效率。以开户为例，广发银行把客户柜面新开账户流程由此前的 20 分钟缩短至 3 分钟，全面提升客户体验。

该行还持续创新网点管理模式，实施机具智能化、人员一体化、服务营销一体化、流程一站式、绩效一体化，实现对客全流程肩并肩服务，发挥网点服务营销职能，全面提升客户体验，助力网点产能提升。

创新“智能消费”。广发银行加速向服务主导、科技驱动、线上化经营转型，紧抓居民消费升级的机遇，挖掘在旅游、健康、养老等领域的多元化金融需求，满足老百姓对品质生活的追求。以广发信用卡为例，广发卡洞察境外旅游市场发展趋势，全新打造境外消费子品牌“诗与远方”，在业内率先推出了全卡全免外汇交易服务费，助力境外消费升级。在销售端，持续革新线下场景化营销，力推以“广发日”优惠活动为主体的多场景时尚娱乐消费，涵盖了吃、喝、玩、乐、购各消费领域，活跃在全国各大城市核心商圈。

未来，广发银行将继续以“智慧”为引领，积极拥抱前沿科技，创新金融产品与服务，以优质服务助力智慧城市建设，与客户共创美好未来。

8. 生活系统治理

智能城市建设已全面进入服务为内核、成效为标尺的新阶段，触手可及的惠民便企服务成为智能城市近年来发展重点，超级应用崛起成为服务触达市民的重要渠道，智慧政务服务全面普及深化，新技术赋能便捷生活服务，各类企业积极参与提供城市融合服务。以新一代信息技术、智能技术为手段，创新民生服务保障体系，推动政府与公共服务单位信息共享，以智能化的协调，推动服务水平的提升，形成“家庭-社区-城市”三级服务体系，针对市民关注的衣食住行、教育文化、商业生活等努力打造智能型的城市民生服务能力。

智能家居成为家庭数据入口。家庭是城市的组成单元，家庭的水、电、煤气等使用的时间、频率、习惯等数据是城市相关部门进行电网、煤气管网等布局和规划的重要依据。智能电表、智能水表和其他智能家电产品将会成为未来千千万万个家庭相关数据的采集点。智能家电的远程响应能力，智能家电被赋予了采集消费者使用习惯和相关数据的功能。比如，智能空调能够采集用户打开、关闭空调的时间，用户对制冷、除湿等功能的使用习惯等信息，并把相关数据回传到数据平台，帮助空调公司更好地理解客户的使用行为，并作为公司调整产品设计的依据。智能家居以住宅为平台，基于物联网技术，由硬件（智能家电、智能硬件、安防控制设备、家具等）、软件系统、云计算平台构成的家居生态圈，实现人远程控制设备、设备间互联互通、设备自我学习等功能，并通过收集、分析用户行为数据为用户提供个性化生活服务，使家居生活安全、节能、便捷等。生产商通过收集产品运行数据，发现产品异常，主动提供服务，降低故障率。还可以通过大数据分析、远程监控和诊断，快速发现问题、解决问题及提高效率。

打造以人为本、全时空服务的智慧社区。依托社区、邻里、街坊三级生活圈，形成15分钟生活圈为基准建设智能化医疗服务机构、文体活动中心、社区智能化服务中心。以10分钟生活圈为基准，建立线上线下一体化融合的便民商圈服务，使智能化的服务触手可及；以5分钟生活圈为基准，建立快捷便利的智能化社区物流配送服务网络、社区服务站、无人便利店、智慧社区图书馆和卫生服务站等社区便民设施，基于个人数据账户，打造一站式便捷、智慧的社区生活服务体验。建设智能感知温度、湿度、空气质量的智能楼宇，推动可在线交互体验、可定制、安全可控的智能家居生活设施服务，推进家居生活设备设施和家庭生活环境的智能化管理，推广智能照明、智能安防、家庭智能监控、家政机器人等智能家居应用。

打造普惠精准、定制服务的智能教育。发展现代化教育，构建网络化、无边界、个性化、终身化的教育体系，设立开放大学，建设智能学习城市。建立基于大数据的学校评价体系，长期连续采集入学信息、毕业生信息、教师信息等全方位数据进行多因素分析，为师生和家长提供完善信息服务。利用大数据、人工智能等技术手段，大力发展普惠精准、定制化的教育服务，不断创新教学模式。搭建智慧教育综合服务平台，实现优质教育资源共建、共享，提供教师资源供需对接平台，促进教育资源利用的均等化。智慧教育通过大数据分析对学生的行为方式、学习习惯、学习成果等进行细致的分析，通过人工智能技术实现一对一的针对性授课模式，根据数据进行有目的、有重点的指导，发挥每一个学生自身优势，实现个性化教育的目的。

创新智能型公共文化服务体系，提供文化、体育、旅游等智能化服务。围绕建设智能的文化服务体系，运用新一代智能技术、信息网络技术和装备，构建公共文化服务平台，完善文化基础设施，设立数字图书馆和数字博物馆，创新文化传播方式，推动优秀传统文化的弘扬与传承。建设公共体育信息平台，提供场馆预订服务、场地节能管理、个人体质监测等。建立“一体多端”的旅游服务平台，提供定制化的文化旅游服务，基于虚拟现实等技术打造历史文化、红色文化、湖泊文化、生态文化等多元文化虚实交融的全景体验。改造和新建智能化的公共服务设施。针对不同尺度生活圈的公共服务需求，基于传统居民区公共服务设施建设以“茶米油盐+文教体卫”等经营性及公益性设施为主进行布局的方法，进行智能化改造提升。新增具有智能化特征的公共服务设施，如必要的各类机房及计算、数据存储设施，配备能够协助医疗人员投送急救药物及设备的无人机或无人车及相应控制终端的智能卫生设施，智能化的社区快递基础设施，具有高度自动化功能的养老设施、文体设施、智能公厕以及无人超市等社区商业服务设施等。

案例——智能试衣间

科技 3D 建模试衣间

如今，3D 技术不再局限于电影或游戏应用，它还在悄悄改变着多个领域的商业模式，比如服装行业。2016 年，曾在中国科技第一展上惊艳亮相的云之梦科技，带着“云 3D 人体测量定制系统”亮相 2016 国际 VR/AR 数字感知大会。在此次大会现场展现了云之梦科技自主开发的“云 3D 人体测量建模系统”和“云 3D 服装定制系统”，以 VR 虚拟现实技术为基础，建立起 C2M 式商业生态链，实现按需生产和定制。[1]

在行业转型升级、供给侧结构性改革的过程中，传统时尚产业由于缺乏对大数据的管理应用，不能及时面向需求侧做出快速反应。尤其对服装行业来说，用户数据库的缺失，导致小到尺码问题，大到设计、生产、营销推广等方面都浪费了大量的运营成本。

展会现场，云之梦科技通过 iPad 展示了其后台管理系统，消费者身型数据、试穿数据、订单数据等都能得到同步储存和分析。

技术人员表示，云之梦科技的后台管理系统已经打通了与企业 ERP 和 CAD 系统的对接，结合成熟的云端数据交互技术，能够通过具体消费和定制行为预测市场需求和偏好，实现柔性化生产。

现场，云之梦科技还带来了应用于美发行业的“云 3D 智能美发系统”——对不同客户的发型风格进行评测分类，并通过人脸识别，使用户提前预览不同发型的美发效果。同时，该产品打破了之前用户和美发店之间的单向信息模式，对美发店、发型师进行标签化展示，在增强用户体验的同时，也减轻了发型师

1 网易，发力云端+大数据 云之梦科技 3D 建模试衣间，2016-06-15，https://www.cloudream.com/p-article_detail/id-360.html。

的沟通和返工时间。

此外，他们还筹划开设 3D 智能生活馆，将人体数据作为产品与用户核心连接点，创造性地将 3D 技术应用于美发、美妆、美甲等行业。届时，由云之梦科技提供设备和技术，为入驻的服装品牌商、定制商、美发、美妆、美甲等各行业优选商家提供产品和服务。由于数据能在云平台进行同步流转，C 端客户在体验的同时，不但能获得专业形象诊断，还能同时进行虚拟试衣和远程定制，完成现场下单或预约到店消费的全流程。

案例——智能停车

深圳人工智能无感停车堪称里程碑式创新

大鹏新区推出深圳首个人工智能无感停车项目试点的消息，曾引起社会各界的广泛关注。作为全球第一个智能停车落地城市，深圳智能停车管理一直是全国争相学习的对象，此次引入高位视频模式，开展人工智能无感停车试点，深圳再度成为全球智能停车产业发展的焦点。专家认为，深圳人工智能无感停车堪称里程碑式创新，彻底颠覆了传统停车管理模式，代表着中国智能停车领域的最高水平。

深圳大鹏智能停车试点采用了迪蒙人工智能无感停车技术。作为深圳市首个采用高位视频技术模式的路内停车试点，该技术全球遥遥领先，可实现“无感出入、无感支付、无人值守”人工智能停车管理，彻底颠覆了传统停车管理模式，用户体验全面提升，将为深圳乃至全国提供人工智能无感停车“先行先试”的宝贵经验。[1]

据介绍，试点项目由信息采集前端、运营管理后台、综合服务云平台等模块组成。其中，信息采集前端采用由迪蒙独创人工智能算法开发、全球最先进的高位视频技术，该技术车牌识别率达到 99.99%，综合运营成本低，一套设备可管理 8 个车位，解决了传统停车管理效率低、依赖人工、操作程序烦琐、用户体验感差等问题，实现了一体化、共享化、无人化、智能化城市停车管理，彻底颠覆传统停车管理模式。

据介绍，车主可以通过下载掌停车 APP 或关注掌停车公众号、小程序，实

1 北国网，深圳人工智能无感停车堪称里程碑式创新，2018-09-03，http://tech.chinadaily.com.cn/2018-09/03/content_36860169.htm。

现找车位、预约车位、路线导航、共享停车、自动计时、无感停车、违章处理、掌上社区等强大功能。在项目区域路段，车主每次停车行为，都会通过高位视频动态识别，并自动储存相应的停车视频和图像记录，免去了人工巡检、取证的烦琐环节，为处理违章停车，追缴逃费、漏费提供了完整的证据链。

案例——智慧养老

智慧养老：让关爱陪您左右

中国的人口老龄化进程不断加快。民政部数据显示，截至2016年年底，中国60岁及以上老年人口达2.3亿，占总人口的16.7%。预计到2050年，这个数字将上升到4.83亿，占比达34.1%。需要养老的人越来越多，仅靠增加人力投入，全社会的养老需求已经无法得到满足。怎么办？智慧养老应运而生。[1]

破除低效率

据记者了解，目前，政府提供的社区养老服务，主要采取“人盯人”的模式，即由专职的巡视员和兼职的志愿者定期上门探望或给老人打电话。这一方式成本高、效率低、覆盖面窄。而市场上的养老公司，主要服务对象是生活无法自理的老人。面向老人的服务市场大多数被保健品、理财产品、旅游产品所占领，市场口碑一言难尽，诈骗新闻层见叠出。单一的养老模式，已不能满足社会的需求。

为解决这些难题和乱象，2018年的政府工作报告提出，要在养老、医疗等领域推进“互联网+”。目前已有多个地区开始推广智慧养老。安徽、江西等地已全面放开养老服务市场，鼓励社会力量加入智慧养老产业。四川不少地区建立了智慧养老服务平台，智能呼叫、老人定位、健康监控、生活用品食品的配送、生命体征监测等，只需通过小小的传感器或按键便可一步完成。

成都市锦江区莲新街道66岁的居民张蓉最近身体不适。一天，她按下家中“长者通”机器上的红色按钮并求助：“请帮我预约区人民医院的骨科。”不到10分钟，求助中心的工作人员就为张蓉挂上了号。运用互联网、物联网、大数据等信息技术手段，养老服务可以和家政、物业、餐饮、物流等诸多行业对接起来，老年人所期盼的“人在家中坐，服务上门来”的养老体验，就能逐渐成

1 智慧养老：让关爱陪您左右，《人民日报》海外版，2018年4月11日。

为现实。

建立服务链

福建省福州市出台了一项高科技感十足的智慧养老服务措施：异地“刷脸”。

中国有大量老年人跟随子女到新的城市生活，按照以前的规定，他们的养老金只能每年一次亲自到发放单位进行领取资格认证。这虽然避免了他人冒领，却也带来了奔波之苦。对此，福州市启动了人脸识别认证工作，老年人无论身在何处，只要通过手机或在相关网站“刷个脸”，就可以完成资格认证，省时省力。

在智慧养老领域，这样的“高科技福利”还有很多。多样化的老人可佩带设备，比如“智能手环”等，可以实现实时定位、紧急呼叫、自动报警、健康管理等功能。还有一些社区针对独居老人，开设了“智能门禁”系统，通过远程监控、控制门锁系统相连接，预警陌生人入室行骗，保障了老年人的安全。

有些城市的社区养老服务中心，还研制出适合老年人使用的社区服务手机软件或服务展示屏，老年人在智能手机上或小区内，通过点击相关服务按钮，就能够实现挂号预约、家庭医生出诊、送菜上门、送餐上门、家政服务等个性化生活服务。

专家表示，充分借助科技力量，连接医疗服务、运营商、服务商、个人、家庭的智慧化服务举措，是当前全国各地智慧养老探索和实践的重点领域。智慧养老整合了分散的服务资源，满足了老人多样化、多层次、个性化的需求，大大提高了社会对老年人的整体服务水平。

保留人情味

“老年人需要家庭代际关系和邻里社会关系的社交网络。”中国老龄科学研究中心老龄经济与产业研究所副所长王莉莉认为，中国式养老的特别之处在于，老年人不愿意离家外出养老，他们不仅需要生理上的照顾，更需要精神上的慰藉。

然而，以往的情况是，父母与子女之间的沟通不缺工具，但可能缺乏理由。“吃了吗？身体怎么样？”除了这几句话，子女和父母好像无话可说。一方面，年轻人工作生活比较忙；另一方面，老人自己也很矛盾，他们希望得到关心，却又害怕给子女添麻烦而对其隐瞒自己的真实情况。

在互联网出现后，情况有了积极改善，部分老年人开始全面融入互联网新生活。中国社科院的一项调查显示，老年人已经成为社交媒体的重要群体之一。

在上网的老年人中，86.07%安装有微信，超过半数的老年人会使用视频聊天、微信群、朋友圈、发红包等功能。不少老年人拥有了自己的“朋友圈”，与家人联系更加紧密，社交、参与社会活动的机会也变多了。

即使特别“宅”的老年人，也可以选择养老公司推出的“陪聊服务”。有的养老公司甚至推出“不要把老年人当病人，而要把老年人当女朋友一样关心照顾”的服务理念，缓解老年人的孤独感。“信息科技可以精准对接老年人的需求，保留传统养老的人情味。”北京师范大学中国公益研究院院长助理高云霞表示，用大数据平台进行信息集成，可以打破条块分割，有利于养老市场的繁荣。

案例——智慧博物馆

智慧博物馆把展览“带回家”

随着《国家宝藏》《赢在博物馆》等文博探索类节目的走红，博物馆成为被公众热捧的“网红”，同时也折射出整个社会对文物、对文化遗产的空前关注和重视。

党的十九大报告中提出的“不断满足人民日益增长的美好生活需要”被广泛关注。其中，满足人民的精神文化需要更是重中之重。在新时代新政策的引领下，博物馆需要以创新的形式、年轻化的表达方式为公众搭建一座走进历史文化的桥梁，亲近大众、发挥更大的社会价值。

陕西自然博物馆在探索中进步，启迪心智，体验“智慧”生活，这样游客就来了。[1]

传统文化“活起来”

近年来，中国博物馆事业不断发展。凭借历史和人文方面的显著优势，陕西省博物馆受到来自全国各地观众们的青睐。据陕西省文物局统计，2017年，陕西省博物馆共举办各类展览789个，较2016年增长24%；参观人数达3950万人次，其中免费开放博物馆参观人数超过2500万人次。在携程网统计出的国内十大热门博物馆景点中，陕西省占据三席。

博物馆不仅是历史文化记忆的宝库，也是人们借以认识过去、把握今天、探索未来的场所，在构建公共文化服务体系中正扮演日益重要的角色。

1 智慧博物馆把展览“带回家”，《人民日报》海外版，2018年3月30日。

陕西自然博物馆一直坚持把中国文化融入自然科学展览之中，把标本要说的话，通过艺术、中国元素表达出来，改变传统博物馆“冷冰冰”的表达方式。让亿万年自然界与中国传统文化“对话”，通过中国古典与现代天衣无缝的过渡，挖掘丰富的历史文化、艺术资源，让博物馆走向前台，让标本、展品展项“活起来”，成为可视、可感、可消费的文化旅游产品。例如，在展览中通过“东郭先生与狼新传”“藏羚跪拜”等讲故事的形式，生动地表达了生态平衡的展示主旨。在中华传统与文化艺术园的园区设计上，通过24个传统节气与中华文化结合展示，拉近了与公众的距离，将中国优秀的传统文化魅力以恰当的方式，更好地展示、诠释给公众。

科普教育“接地气”

与纯粹的城市观光相比，博物馆更能满足大众的好奇心与求知欲，加深对一座城甚至是一个国家的感性认识。越来越多的人前往博物馆不再只是走马观花式地游览，而是更加注重深层次的体验和博物馆的教育意义。

为了迎合年轻观众的喜好，陕西自然博物馆在展览主题、展品陈列、讲解和深度体验上做出了许多尝试。“煤海之光”展馆就是很好的例子。“煤海之光”是陕西省内唯一集中展示煤炭形成、勘探、采掘、利用、生态保护的展馆。在展馆主题设立上，博物馆注重引导青少年自我思考，让观众懂得人类要合理运用大自然给予的馈赠，积极保护不可再生资源，而不是为了利益掠夺甚至破坏资源。

同时，博物馆还在展馆里开设了“未来之门”，让观众去思考怎样敲开未来之门，善用绿色能源。这样将展览和教育巧妙结合而组织的“展教一体”活动，激发了青年观众的好奇心，也让博物馆更“接地气”了。

陕西自然博物馆内既有面向普通观众的定时讲解，还设有专门面向儿童层面的小小讲解员。此外，馆内设有免费的公益讲解，一年要讲600多场。

智慧博物不再远

为了满足公众对文化需求的升级，让博物馆走进人们的日常生活，并成为人们生活的一部分，博物馆不断跨界，进行着全新的尝试和创新，力求打造智慧型的“未来博物馆”。

博物馆是独特的文化载体，是理解过去、思考当下、启迪未来的文化空间。在物联网、云计算、大数据和移动互联网等信息通信技术的推动下，以人、物、数据动态多元交互传播为核心，能穿越时空的智慧博物馆应运而生，实现了博物馆从数字化向智慧化的转型升级。

智慧博物馆以公众服务需求为核心，用多维展示互动形式，实现公众与博物馆藏品的高度交互，为公众提供无处不在的服务。在体验方面，智慧博物馆能够结合虚拟现实等科技，丰富陈列形式和信息供给，开启高品质、沉浸式的轻松文化之旅。对于非现场观众，则通过互联网和移动互联网打破博物馆传统的时空界限，拓展博物馆的公众服务广度、深度与时限。当然，也可利用移动互联网和手机实现线上线下的融合，达到全渠道、互动式、场景化的体验和服务。这样的互联互动，不仅建立起观众之间交流的平台，更针对不同群体间对展览的理解和体会，让他们可以实时分享。实现线上线下参观相结合，将展览"带回家"。

作为智能城市的衍生概念，智慧博物馆丰富和深化了传统的实体博物馆的信息交流和文化传播功能。这是博物馆未来发展的趋势，未来的博物馆将成为更开放、更具历史厚度和文化温度的生活空间。

9. 安防救护系统治理

智能城市的安防救护系统方案为一套端到端、完整的信息化解决方案，方案集应急领域业务数据的归集、模型化和主体化加工治理，以及基于智能引擎提供的突发事件对接、预案、决策、指挥、调度的智慧指挥平台；构建"看得见、调得动、即时反应、即时处置"的应急智能化管理的产品方案。构建智能安防救护系统业务一张图的建设有助于实现多源地理信息统一数据规格、标准规范及数据的及时更新和协同共享。基于 EGIS 地理信息系统的可视化展示效果，实现对应急业务各项资源的图层化标识展示，并根据业务应用方向提供不同类别的"一张图"服务，主要建设应急资源"一张图"、监测分析"一张图"、辅助决策"一张图"等不同类型的安防救护治理支撑服务。

智能安防技术是一种利用人工智能对视频、图像进行存储和分析，从中识别安全隐患并对其进行处理的技术。智能安防与传统安防的最大区别在于智能化，传统安防对人的依赖性比较强，非常耗费人力，而智能安防能够通过机器实现智能判断，从而尽可能实现实时的安全防范和处理。智能救护系统能够深度整合汇集政府数据、社会数据，开展数据融合计算，实现城市运行感知、公共资源配置、宏观决策指挥、事件预测预警等，支撑城市管理、生态环保、安全保障、应急管理、公共服务、产业发展等各领域的数字化转型升级，有利于提升城市治理水平，提升政府管理能力。指挥中枢引擎为安防救护提供智能能力。应急救援力量、应急救援物资散落在不同地方，需借助大数据模型、算法的整合，如突发事件周边的救援物资、救援力量、防护目标快速计算和获取；安防救护事件风险等级、数字化预案的智能化匹配和推荐。突发事件周边的各种渠道视频、图文对接，包括公安、综治的监控摄像头、无人机视频、单兵执法仪，使得领导“足不出户，运筹帷幄，令达千里”。

城市生命体的智能救护系统主要包括安全防护和医疗救护两个部分，它是城市生命体和平运行的状态指示，其状态是城市是否处于紧急状态的依据。

智能救护系统的事件感知引擎可根据事件上报的信息，通过事件信息中的特征分析出城市具体事件分类，通过事件分类关联到事件的权责单位，同时通过对不同来源上报的重复事件和群体事件的分析，最终实现对事件的智能化分类与权责处置和精准分配。其中的重点是：智能救护系统基于自然语言处理能力、图像分析能力等对各类城市事件进行识别验证；重点解决图像/文本事件类型智能识别、重复事件智能识别、群体投诉事件智能识别、智能事件派发、相似历史事件智能推荐等问题，同时通过梳理城市事件的分类标准，梳理权责清单和派发依据，建立智能化事件派发体系，通过机器学习实现事件精准派发。

对于城市中的安全防护，以城市中恐怖活动高发地区为重点示范，建立反恐维稳大数据应用示范工程，逐步构建覆盖全城的反恐维稳大数据体系。构建网络舆情治理体系，以技术手段保障数据源的准确性、监测的及时性、分析的科学性，为舆情治理提供基本保障，建立完善的网络舆情监测预警体系和完备的网络舆情研判体系。例如，公安领域出于对社会维稳的需要，公安部门需要在海量的视频信息中发现犯罪嫌疑人或目标的线索。人工智能在视频的特征提取、内容理解方面有着技术上的优势。前端摄像机内置人工智能芯片，通过视频识别技术对视频场景进行实时地跟踪分析，动态监测目标、识别人、车、物等信息属性，并通过网络传递到后台数据中心进行分析存储。汇总的海量城市级信息，利用强大的计算和智能分析能力，公共安全部门可以对嫌疑人的体貌特征、行动轨迹进行分析，给出最佳线索建议，一旦锁定了目标的轨迹就能大大缩减嫌疑人的追踪时间。同时，智能系统还具备强大的交互能力，还能与办案人员进行语言沟通，提升案件办理的专业水准和准确度。

对于城市中的医疗救护，着力打造覆盖城市居民全生命周期的智慧医疗。

构建城市全体居民健康信息平台，建设健康医疗大数据应用中心，建立个人健康档案和医疗机构档案，构建健康数据共享机制，实现公共卫生、计划生育、医疗服务、医疗保障、药品供应、综合管理等领域数据采集、集成共享和业务协同。创新互联网健康医疗服务模式，一步到位构建的分级诊疗体系，推进远程医疗和精准医疗，持续推进覆盖全生命周期的预防、治疗、康复和自主健康管理一体化的健康信息服务。用区块链、大数据等技术对所有医疗行为和交易记录进行同步更新，实现精准追溯问责、健康需求预判和错误诊断结果识别预警。

人工智能的快速发展，为医疗健康领域向更高的智能化方向发展提供了非常有利的技术条件。近几年，智慧医疗在辅助诊疗、疾病预测、医疗影像辅助诊断、药物开发等方面发挥重要作用。在辅助诊疗方面，通过人工智能技术可以有效提高医护人员工作效率，提升一线全科医生的诊断治疗水平。如利用智能语音技术可以实现电子病历的智能语音录入；利用智能影像识别技术，可以实现医学图像自动读片；利用智能技术和大数据平台，构建辅助诊疗系统。在疾病预测方面，人工智能借助大数据技术可以进行疫情监测，及时有效地预测并防止疫情的进一步扩散和发展。以流感为例，很多国家都有规定，当医生发现新型流感病例时需告知疾病控制与预防中心。但由于人们患病不能及时就医，同时信息传回疾控中心也需要时间，因此，通告新流感病例时往往会有一定的延迟，但人工智能通过疫情监测却能够有效缩短响应时间。

案例——智慧医疗

人工智能无人药店及网络医院

2020年6月20日，国内真正意义上的无人智能化药店X-Lab在沈阳亮相，并正式开始投入运营。据了解，顾客只需按照流程便可自主购药，完成扫码进店，通过智能交互屏选择商品，按照指示灯取药，无感结算等一系列操作。[1]

同年8月，上海复旦科技园内出现“熊猫药站”。药站除了能自主购药外，站内还有一位24小时不间断营业的人工智能“老中医”。这位老中医的一双特

1 智能制造网，智慧医疗引领行业风向 AI无人药店加快落地，2021-02-08，http://news.21csp.com.cn/c16/202102/11403988.html。

制“眼睛”，即使小姐姐们化了妆，也能进行精确的面诊和舌诊，并生成中医体检报告。

平安好医生宣布，其研发的“一分钟诊所”正式亮相乌镇景区。这是国内商业化运营的无人诊所，将为附近居民、景区游客及世界互联网大会嘉宾提供快速、便捷的一站式医疗健康服务。

一分钟诊所包含“独立问诊室”和“智能药柜”两大功能模块，病人只需坐在“独立问诊室”中，就可与云端医生语音对话。通过对疾病描述加上检查设备，就可以得到病症的初步问诊建议。问诊完成后，病人根据医生给出的建议，可以直接在旁边的“智能药柜”付费取药。

有医疗专家指出，未来5年内，人工智能问诊平台有望取代部分传统问诊；10年内，具有专科医师水准的人工智能医生会开处方；15年内，人工智能医师可从事简单的外科手术治疗；20年内，有望出现具有专科水平的人工智能外科医师；30年内，人工智能医生可替代医师的大部分工作。

此外，在制订健康计划方面，人工智能可以发挥巨大作用。从整体来看，网络医院以线下穿戴设备+线上医生+人工智能分类管理患者。获取信息并运用人工智能技术进行分析后，识别疾病发生的风险及提供降低风险的措施，无疑有助于疾病提前预测与防控的早发现、做防范。运用人工智能技术从表情、语言、声音层面进行识别，有助于准确判断就诊者的精神健康状态，对用户体征数据进行分析，从而有规划地制订健康管理方案。

在政府部门、医疗科技机构、医疗器械供应商等的共同推动下，我国传统医疗行业向着智能化、数字化方向转型升级的步伐不断加快，创新成果纷纷涌现。不过，在国内智慧医疗加速发展的同时，也面临一些棘手的问题和挑战。例如，缺乏顶层设计、复合型人才较少、医院内及医院间信息互联互通实现难等。相信随着技术进步、平台建设等，这些问题能得到妥善解决。

10．军事防护系统治理

随着大数据、云计算和人工智能等新技术、新概念的不断涌现，以人工智能为核心的高科技在作战指挥、技术创新、装备研发、理论研究等领域不断渗透拓展，军事智能化建设正成为世界军事强国争夺的制高点。例如，人工智能可以利用算法选择最优或准最优，协助指挥官进行决策，从而加速决策速度。

未来的城市战争，战场环境将从陆、海、空到太空，从物理空间扩展到认知、网络等无形空间，全域联合作战思想深入人心。信息站、舆论战等“隐形战争”大量存在，战争的反应时间愈发短暂，战争对抗边界愈发模糊，战争的过程愈发危险。物理域、信息域、认知域的全域作战引发多种战争形态，使得未来战争更加扑朔迷离。智能城市中网络化、智能化特征日益凸显，网络延伸至社会生活各个角落和国防体系的所有节点，虚拟空间中的某次轻微摩擦都可能瞬间使网络攻防的失败方电力、水利、交通体系陷入瘫痪，城市防御系统丧失防御能力。具体的举措有：

一是使对手军事体系瘫痪替代消灭对手军事力量，成为首选征服手段。如美国在西太平洋地区部署的“舒特”系统，其首要用途是通过切断重要信息链、损毁关键信息节点，使对手的防空系统和指控网络瘫痪，是外表看起来毫发无伤的系统失效。

二是以威胁对手民用关键基础设施构建新型威慑体系。对一国金融、交通、能源和供水等关键基础设施实施网络攻击，能够造成严重社会动荡和民众恐慌，有望成为核威慑手段的重要补充。

三是以赛博手段产生其他手段无法达成的损毁效果。美国通过释放“震网”病毒，摧毁了上千个提炼浓缩铀的离心机，达到了派遣突击队和精确制导武器所无法达成的军事效果，代码对决正在跨虚拟世界与现实世界的藩篱，成为可常规运用的“非火力”手段。

案例——智能防务

知识图谱“星河”构建自主可控智能防务新业态

党的十九大报告中提出了树立科技是核心战斗力的思想，强调了科技兴军的作用，要着重加快军事智能化发展。军委科学技术委员会主任刘国治中将说：“这是我们国家实现创新超越、实现强军的一个难得战略机遇，也是我们实现弯道超车的难得战略机遇。”

南京摄星智能科技有限公司（以下简称“摄星智能”）响应军事智能化发展需求，深耕知识、情报、对抗策略等，通过近两年的积累，自主研发出首个防务领域知识图谱“星河”，并在2020年8月1日成功发布，献礼建军93周年。[1]

“星河”知识图谱是我国国内防务领域最大规模的知识平台，其与摄星智能在2020年7月13日发布的首个国产自主研发军事算法平台“星智”配合，可为我国防务领域提供智慧赋能基础平台服务，有效支撑防务领域的智能应用开发工作。

该图谱是摄星智能首次成体系开放公司两年来积累的覆盖防务全领域的TB级数据资源。这些数据包括文本标注数据集500万+、SAR图像数据5万+、卫星遥感图像数据5万+、音频检测数据5万+、千万级公网数据文件、百万级暗网文件等。

“我们构建了包括12大类30小类100万实体的防务知识图谱，涵盖200余种防务实体类型、130余种防务事件类型、10万余军事装备实体数据，数据来源覆盖88个国家、7个语种、6个战场空间。”摄星智能副总裁张亚琦说道。

技术架构层面：“星河”知识图谱属事件级类型，其本体构建方式采用4层架构：基础本体层、领域本体层、应用本体层和军事事件层。每层架构对应不同的数据资料、技术属性和应用场景。数据来源层面：“星河”的数据来源包括暗网数据、互联网数据、传统数据库、军事书籍等。核心能力层面：“星河”知识图谱能够支持多轮交互式问答与精准知识搜索，百万级节点问答推理与知识搜索平均响应时间小于5ms；同时支持一键式私有化部署，可按实体类别、事件类别、业务领域提供相应知识图谱结构与数据。

此外，“星河”知识图谱可与前期发布的“星智”算法平台配合，为用户提供灵活的技术模块选择，支撑用户在不同智能应用中的架构设计、开发、部署和落地，快速赋能防务领域智能化转型。

案例——智能安防

海康威视雪亮工程基层治理信息平台

雪亮工程基层治理信息平台，是以综治政法的核心业务需求为基础，基于综治社会治理基础数据、政府信息系统数据，结合物联感知数据及物联平台大数据分析能力、人工智能先进技术，以人、地、事、物、组织等平安建设信息为基本

1 中国网科学，摄星智能发布首个防务领域知识图谱“星河”，构建自主可控智能防务新业态。2020.08.03，http://science.china.com.cn/2020-08/03/content_41242401.htm。

内容，搭建资源整合、信息共享、实用高效的基层治理信息平台。该平台用于雪亮工程对建设综治信息化管理需求，多场景多业务融合视频摄像、人脸大数据、车辆大数据、社区物联等各类应用，以此为基础承载提升系统的业务运行能力，满足各级综治中心业务应用需求，构建群众参与社会治理体系的双向渠道。

我国正在全面构建和深化平安中国建设，国家出台的《关于加强社会治安防控体系建设的意见》中，明确提出了要求落实将雪亮工程[1]纳入“十三五”规划，积极创新以网格化管理为基础的智慧治理机制，不断提升基层社会治理实效。

当前雪亮工程建设推进了全国公共安全视频监控建设大联网，实现了跨区域、跨部门的共建共享共治，对于基层智慧治理提出了强化实战功能、提升预警预测能力的明确要求。大数据、人工智能等技术正以前所未有的速度引领科技发展，为治理者全面掌握基层情况、信息化快速反应机制提供有效支撑，让精准服务、精准管理、精准决策成为可能。

当前的需求痛点：

一、管理手段单一落后，信息化手段欠缺，传统人工方式任务重、效率低；

二、基层环境复杂，安全隐患发现难，人员管控服务和场所管理不到位；

三、系统间数据存在“信息孤岛”，部门间信息传递效率低；

四、基层管理决策依赖经验，数据价值信息未有效挖掘利用。

雪亮工程基层治理信息平台解决方案，依托网格化管理，通过物联感知与基层工作结合，延伸发现问题的触角，实现社会治理的精细化、信息化、动态化，“小事不出村，大事不出镇”。基层治理信息平台采用统一门户，主要包括五大应用系统，即重点管控系列、群防群治系列、大联动业务协同系列、综治日常工作系列和综治大脑数据研判。

在统一的数据环境体系基础上，以及应用软件支撑的基础上，架构各应用系统，通过内在的数据共享和协作关系，将各个应用连接起来构成一个系统。物联智能感知设备负责现场音视频信号、报警信号、人脸、车辆、智能终端特征等信息的采集，为整个视频信息管理系统提供原始信号源。同时依托移动互联设备，用以采集基础人员、房屋、车辆、时间等基层综治信息数据，为政府提供最基层的信息数据。

1 海康威视官网，案例-雪亮工程基层治理信息平台，https://open.hikvision.com/cases/002。

5

第五章　智能城市治理思考与展望

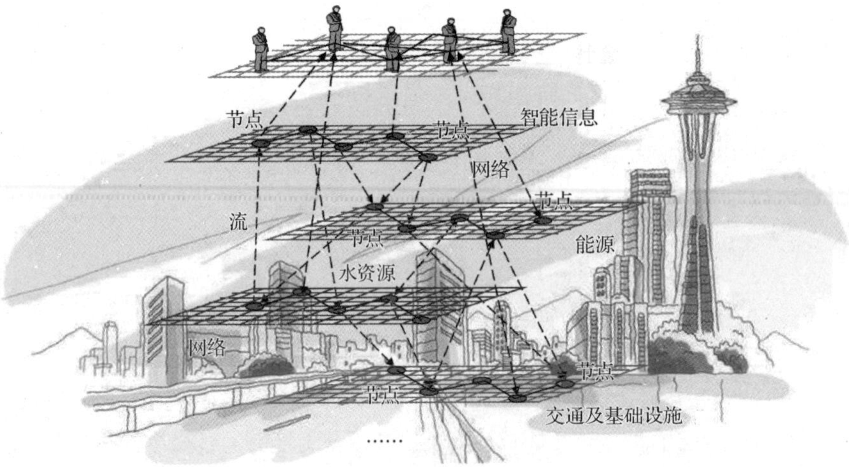

（一）人与城市的关系思考

（二）生态平衡与治理进化

（一）人与城市的关系思考

1．以城市为工具/外物

在智能城市广为发展、深入实践的今天，对于人与城市的关系思考愈加重要，因为这是进行有效、恰当的智能治理的基础。在过去及现在各类的理论中，有将城市的角色视为工具/外物，或者将城市视为人类自身，或者将城市视为一个生态的三种主要看法，这些认知代表着人类社会的进化，因为在人的物理身体进化大幅减缓甚至不再进化的今天，城市等社会系统的进化正代表着人类的进化。

《吴越春秋》认为“筑城以卫君，造廓以守民”，此类理论认为，城市是人建设的，城市最根本的目的是为人服务。这类观点把人当作一个主体，城市作为客体，按照辩证唯物主义的思想来看，主体对客体有主观能动性，客体反过来又会影响主体的行为。这个主体，可能是个体也可能是社会集团，从公民、社区、族群，到城市、国家甚至是整个全人类，不同的主体都对客体施加自己的意志。

将城市类比为机器或工具能够帮助我们更好地理解城市的整体结构和形态变化。运动零件相互配合所构成的复杂钟表装置表明，机器可以实现形式与过程的同步和谐，概念稳定而层级秩序俨然，但是，这不是城市的真实情况。

另外一种角度是将城市视为外在环境，这本质上也是将其视为外物。虽然之前很多理论将城市研究得很细致深入，认同城市与所在的区域存在相互联系、相互促进、相互制约的辩证关系（图 5-1），但往往将城市作为一种空间形态的环境形式，没有对城市发展中所需或产生的物质、能量、信息、社会关系等之间的交换作用进行统一的研究。

诚然，现代化的智能城市治理体系必然要求使用现代化的治理工具和手段，因为没有先进的信息技术、人工智能及其设施的应用支撑，信息资源建设和信息管理平台的数量和质量就无法保证，信息共享和业务协同更无法达成，更遑论为城市居民提供更好的信息服务无法为公民参与城市多元化治理提供更为便利的条件，但是必须看到将城市视为工具后带来的缺陷：城市病，本书第二章分析的城市生命体的脆弱性就是各类城市病发展的结果。

事实上，在智能城市时代，也不能避免城市住房拥挤、环境恶劣、房屋破旧、住宅紧张，经济危机、经济萧条、内城衰退、社会混乱、贫民窟、社会分化等城市病，应跳出以城市为工具外物的观念，摈除机械化的、形而下的思维，辩证地看待城市。

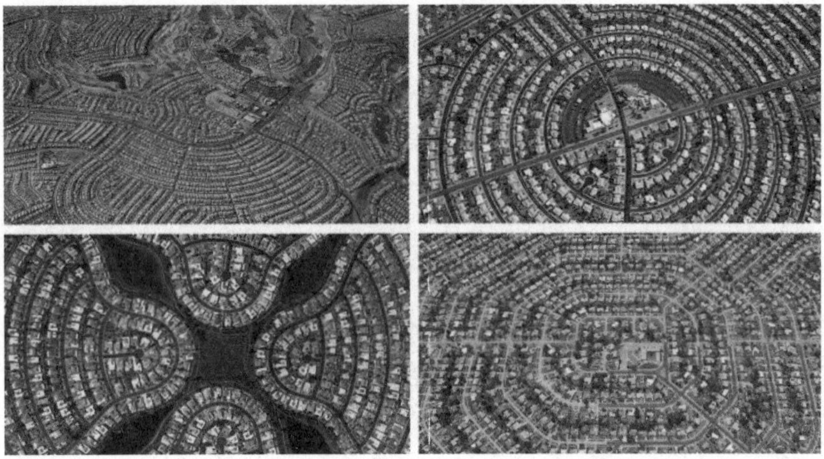

图 5-1　城市社区形态——以城市为物的空间表达

2. 以城市为个人自身

早在 20 世纪中叶，Henry Churchill 在他的《城市即是民众》(*The City is The People*) 中就提出了一个最基本的观点：城市是由民众构成的。伟大的城市学家刘易斯・芒福德（Lewis Mumford）也在提醒我们，城市即人类，而非汽车和钢筋混凝土商业高楼组成的基础设施。

城市以人为本，人以城市为家。任何城市都应该让人真正地参与到城市创建中，不断提升人们的生活品质、提高幸福感和满意度，以人为本与以城市为本在此理论中融为一体。而人的特点总结归纳成一点，就是人的主观能动性，无论是文化、习俗、制度、法律……都以各种意志表达并以此作为改变世界的出发点。我们希望城市发展成什么样？如何刻画城市？我们怎么规划和设计城市？城市个性塑造的背后是不可忽视的人文因素，城市发展充满了人的情怀。

1933 年的《雅典宪章》提到城市的四大功能——居住、游憩、交通、工作。但是仅仅过去不到百年的时间，我们来看看今天的城市生活：居住已经变成了以物联网为主的技术体现；游憩也已经变成了与机器、与虚拟技术互动交流的形式；交通从共享向自动化无人驾驶的方向发展；生产工作已经越来越多地使用机器人。整个世界在不断变化，推动变化的核心是科技进步，是科技在引领城市发生着翻天覆地的变化，不断改变我们的行为和生活。

以此观点来看，城市是“人类”本身，因此人类的各类优缺点都会展现在城市中，多元化的价值观和利益冲突也使得城市成为这种拥塞的博弈之地。库哈斯在《癫狂的纽约——给曼哈顿补写的宣言》一书中提出，“曼哈顿的建筑是一种拥塞的开拓之范型，曼哈顿已产生自己的大都会都市主义——拥塞文化”，并提出了拥塞文化的三个定理：格子（Grid）、脑前叶切开术（Lobotomy）、分裂（Schism）。格子代表曼哈顿的都市规划，表现出一种不自由和自由间的辩证关系；脑前叶切开术代表摩天大楼内外关系的决裂；分裂则代表摩天大楼层叠豆腐式的空间构造造成上下楼层关系分裂的状况。库哈斯认为拥塞文化“解决了形式（外）与机能（内）长久以来的冲突，使曼哈顿的建筑物兼具建筑和高效能机械；现代的和永恒的（图 5-2）。”

图 5-2 《癫狂的纽约》（*The Delirious New York*）中古怪的绘画

此类观点显然具有不足之处，它体现了当前城市建设发展受制于人类社会发展的现实。当然，一个个建筑或者社区在这样的“以城市为人自身”的理论构建下，城市就会像单个市民一样，个性差异明显，城市也会从以往的整体上的整齐划一逐渐变成“条坏分割”的、在更小单元上形成多种独有的特色的区域。传统的城市特色，包括习俗、文化、建筑等，从文化景观到历史街区，从文物古迹到地方民居，从传统技能到社会习俗等，众多物质的与非物质的文化遗产，形成了一座城市独特的面貌和文化，而当前以纽约为代表的智能城市发展，很可能会变成一个“万花筒”。

因此在城市智能化顶层设计和智能治理的同时，应坚持以人为本的理念，应将城市集体独有的、统一的人文特色融合到城市智能化建设发展和治理的过程中，在尊重居民个性化发展的基础上体现各个城市独特的历史人文、风土民情、智能技术发展方向等差异性的特点。

3. 以城市为生态

城市生命体的概念显然由来已久，城市的生命力和活力是人造就的，这种生命力和活力也是单个人的生命力和活力的展现和汇集。综合来看，城市是个复杂巨系统，是包括人、机、物等活的生命体，是个生态系统。新城市科学认为，城市的本质是不同个体在时间和空间维度的相互作用。格莱泽（Glaeser，2011）及之前的简·雅各布斯（J. Jacobs，1961）都曾用极为生动的语言对此进行描绘过。

雅各布斯在1961年出版的《美国大城市的死与生》一书中指出，城市街道要有生命力应当具备三个条件：①街道必须是安全的；②必须保持有不断的观察。这里被她称为“街道天然的所有者”的“眼睛”必须在所有时间里都能注视到街道；③街道本身特别是人行道上必须不停地有使用者，展现街道生活的多样性。实际上，大多数系统并不是“制造”出来的，而是“生长”而成的。正如西蒙（1962）指出的那样，系统通过影响各个层面的无数决策逐步演化。生物性系统从细胞生长而来并在一定程度上自我约束，尽管在它们所处的环境中，很难去评估它们的进化发展带来的各种影响。

城市空间是城市活动发生的载体，同时又是城市活动的结果。《马丘比丘宪章》指出：“与人相互作用与交往是城市存在的基本根据。”因此城市规划必须对人类的各种需求做出解释和反应，这也应当是城市空间组织的基本原则。

首先，城市是多主体参与的结果。雅各布斯说过：“当且仅当每个人都在创造城市时，城市才有能力为每个人提供一些东西。”她的这一观点我们感同身受，因为我们每一个人对城市都有各自不同的理解，这意味着城市是个多元的万花筒，具有多样性的思想、观点、理论、模型及我们所能想到的一切抽象事物。这也是为什么我们很难相信存在一种理解城市的方式，会优于所有其他方式。这也使得我们无法在牛顿开创的传统科学基础上建立城市科学。在发展动力上，市场是推动城市运行的活力之一，亦即亚当·斯密所谓的“看不见的手”，是将城市联系在一起的力量。虽然无法从一般意义上来定义，但其结果是城市中最基本层的众多个体行为之间相互协调，从而产生了一些有秩序的模式集合。在城市内部，较大城市中居民之间的相互交往一般会比较小城市更为频繁，尽管这并非城市规模本身所决定的。这或许可以解释为对空间的竞争结果，这种竞争在大城市中往往比小城市更为激烈，从而带来更为接近的物理位置及更加频繁的相互作用。

其次，城市是居民工作地和居住地等区位点的地理集合。将这些区位联系起来的相互作用是上下班路径上的交通流，通过日复一日的重复维持着常规系统结构。在模式中的变化趋向于在短期内保持结构的稳定，这些模型会通过消除和创造工作岗位和住宅的布局来逐渐进化和调整。这类行为的特性是通过反馈重新达到平衡状态，并抑制那些试图改变系统长期稳定状态的不稳定行为，它们通常被称为“负反馈”（Negative Feedback）。正如杰弗里·韦斯特（Geoffrey West）在《规模：复杂世界的简单法则》一书中所说，“城市最大的共性就是全球各地社会网络结构的普遍性。城市的主要构成是人，在很大程度上，全球各地的人相互作用、组成群组和社区的方式也是相同的。我们或许看上去不同，穿着不同，说不同的语言，有着不同的信仰体系，但在很大程度上，作为生物和社会组织及动力学都是极为相似的。

城市属性随规模与彼此关系变化的方式是最重要的比例定律之一。这就是马歇尔定律，从聚集中产生规模经济。这也是异速生长，意味着质的变化，通常伴随着生物种群的形态变化，某种动物或植物不得不对总量进行自我调节以符合线性发展。最简单的方式是考察城市的用地规模人工智能是如何随着城市人口（P_i）的变化而变化的。比如，如果城市在二维平面上扩张的同时也在向第三维度扩展，我们可以认为城市的增长（d_i）与人口的关系可以表示为 $P_i \propto d_i^3$，其中 d_i 是线性维度的。当然，用地的增长（A_i）是与这个维度的平方相关的，

即 $A_i \propto d_i^2$，故人口与用地的关系可表示为：$P_i \propto A_i^{\frac{2}{3}}$。这条幂律是一个正异速生长的例子，因为幂大于 1。这种城市的空间无序拓展的危害及给城市治理带来挑战扩展带来的挑战是显然的。联合国城市规划专家顾问小组首席专家，新城市主义运动发起人彼得·卡尔索普（Peter Calthorpe）指出，“城市的故事里有一个‘坏人’，它的名字叫‘城市蔓延’。它并不只存在于低密度的郊区。实际上，这样杂乱无序的拓展，在任何地方、任何密度下都有可能发生。它扩大了人与人之间的距离，造成了经济上的贫富差，并导致土地利用的单一化，将人与自然隔离开来。它不允许混合多元业态的存在，限制了人与人的交流与沟通，而多元、沟通、交流才是使城市变得伟大、让社会繁荣发展的因素”。

因此，城市发展应均衡城市空间及城市中的人口的规模，使其具有生态系统中动态适应、协同进化的特征，这些均衡应体现在生态体系结构和功能服务的可扩展性、应用服务的动态交互和人口需求满足的治理模式的动态装配、个性化服务的按需可得、面向事件的治理流程组合等方面的平衡，在本书中提出的智能城市生命体的自治能力正是在城市发展层次上的平衡重点，通过控制城市生命体子系统的节点规模、网络结构等方式促进城市生命体“流”的平衡，由此达到城市生态的平衡，实现城市的可持续发展。联合国可持续发展目标如图 5-3 所示。

图 5-3　联合国可持续发展目标

（二）生态平衡与治理进化

1．城市智能自治体

“智能自治体”是智能城市治理的顶层设计中的重要部分，智能城市生命体按照治理的指令、资源的驱动方向，发挥其十大子系统内部“节点-网络-流”的智能交互、智能连接、智能中枢、智能应用等组成部分在云网边端协同的一体化的形式下完成城市的自治。“智能自治体”以云为基础，以人工智能为核心，通过云网边端协同，构建开放、立体感知、全域协同、精确判断和持续进化的智能系统，为城市治理带来全场景智能体验。

“智能自治体”显然与“城市大脑”不同，它是自治系统，是众多“自治能力”的有机集合体。在一定情况下（能量输入等）可以自行运转，但是“城市大脑”却只是个大脑，甚至这个大脑也发育不全。事实上，国务院参事、国务院政府职能转变协调小组专家组副组长、中国城市科学研究会理事长仇保兴表示，“城市大脑”仅仅能解决15%的城市交通效率问题，离真正的“城市大脑”还较为遥远。

根据“智能城市生命体”理论，我们将城市划分为十大子系统，每个子系统都依据“节点-网络-流”进行有效划分，这是研究城市治理的前提基础。就智能城市治理来讲，“自治能力”是一个城市生命体、子系统、网络、节点的存在目标，以“自治能力”来判断其被打击的程度是抓住了关键要素。而“流”正是“城市生命体-子系统-网络-节点”复杂巨系统活着的表征，是维系着各个要素的核心内容。可以说，“自治能力”是对城市生命特征的一种静态、局部的描述，“流”则是对城市生命特征的动力、活力的表征，对这二者进行量化、组合正是实现城市生命体系统损伤等级量化标准制定的关键基础。

当前，城市“智能自治体”的智能程度还不高，但是曙光已经显现，这与智能，特别是人工智能的发展息息相关。

人类习惯于将生活视为由一系列决策组成的“戏剧”。但当人类依靠人工智能为自己做出决定时，这种生活观会发生什么改变？短短20年时间，数十亿人就已经向Google的搜索算法委托了每个人最重要的任务之一：找到相关且值得信赖的信息。由于更多地依靠Google来寻求答案，我们独立处理信息的能力减弱了。今天的“真相”是由Google搜索的最佳结果定义的。这个过程同样影响了我们的身体能力，例如，导航，人们要求 Google 不仅要查找信息，还要引导他们。自动驾驶汽车和人工智能医生同样如此：虽然这些创新将使卡车司机和人类医生失业，但最重要的是加快了人类的权力和责任向机器转移的过程。

个人生活的助理是当前人工智能的重要应用方向，那么当人工智能用于城市治理呢？可以预见，基于城市治理场景打造的具备人工智能能力的城市智能识别引擎，可最大程度推动和保障城市治理从单领域智能体向多领域智能体进化。人工智能引擎集智能识别、数据加工治理、机器学习、智能分析预测为一体，封装了成熟的算法，可向治理主体提供更简易的操作体验。人工智能引擎提供常用的数据智能服务，包括计算机视觉、语音识别、自然语言处理、机器学习等。视觉识别服务提供广泛和深入的视频图像分析、识别、搜索、生成及挖掘服务；语音识别服务提供广泛的语音转文字、智能语音交互服务；自然语言处理服务提供交互问答、情感分析、文本翻译、舆情分析、知识图谱等服务；机器学习提供深度神经网络、决策模型、聚类模型等。

但是风险也实时伴随，当人类个体越来越多地把权力交给联网的智能机器，当人从相信生活经验逐步变得越来越信任算法，心甘情愿地放弃对生活的更多权力的时候，很可能最终失去了为自己做出决定的能力。

因此，在城市“智能自治体”解放了政府公职人员等城市治理主体的同时，他们更应该发挥自己的才干和判断力，使他们能将更多的时间花在解决治理范式的创新上。在共享数据的能力打破了传统政府的垂直化组织架构，鼓励部门之间的横向交流，也包括与社区团体及市政厅以外其他利益相关者之间的交流的时候，政府机构可以和企事业单位、市民协作制订治理方案。只有将不同部门、不同行业、不同领域的数据融合起来，通过数据与数据的碰撞，从中发现最多的知识，才会最有效地促进城市最优的发展。人工智能可以在大数据环境下充分发挥碎片化大数据的认知机理，从海量数据中提取有效信息，信息处理速度快、效率高，从而为更智能的决策和行动提供支持，达到提高政府公共服务水平、企业竞争力和市民生活质量的目标。大数据是人工智能不断迭代发展的重要基础。城市治理模式将变得更智能、更灵活。

2．治理生态的平衡

在生物学上，“生态系统”可定义为：在一定的地域内由全部生物和物理环境相互作用的统一体。生态系统是一般系统的一种特殊形态，是具有一定相互关系的各个部分的集合体。

“智能城市治理生态”指的是，在以智能生命体为基础的现代治理过程中，多元治理主体在发挥智能生命体，通过各种治理机制进行互动，共同形成的一个有机整体中，涵盖了治理体系与治理能力等诸多要素。多元主体者彼此分享共同的价值、理念，彼此协同、合作，在相互联系、相互依存的治理生态系统中共同使用各类资源，最终实现智能城市治理生态系统的良性发展，维护并实现各个主体的权利和利益。智能城市治理生态实现的三个阶段为：

第一阶段，形成治理的产品服务：这些产品服务围绕着城市治理的效用、利益和体验而开展。具体来说，围绕着治理的五个层次依次展开，即核心服务、基本服务、期望服务、附件服务、潜在服务。

第二阶段，形成治理的平台：这些平台需要经过整合、互利、共赢等阶段。迈克尔·哈耶特（Michael Hyatt，全球最具魅力的传媒领袖、平台应用大师）在他的《平台：自媒体时代用影响力赢取惊人财富》一书中提到，要想获得成功，必须拥有两个战略资产：让人欲罢不能的产品和有效平台。相较于第一阶段的产品服务，平台超越了单个治理主体的内部资源，而将价值升级到了治理主体相关的利益关联体中。

第三阶段，形成治理的生态，即以上阶段的各类产品服务、平台等形成共生、跨界的生态。在智能城市里，人们的生活与城市环境几乎完全融合，对需求的层次不断丰富，如何实现共生、跨界布局，实现与其他主体更加紧密的协作，构筑智能城市生态圈就成了核心要务。

智能城市治理生态的关键是处理好平衡问题，以人体为例，维系人体内生态平衡的是什么？当然是各类微生物，也就是我们常说的细菌。据统计，人体内的微生物数量大概有百万亿以上，其种类也多种多样，总数量的超过了 400 种。同样，它们也和我们熟悉的生态平衡一样存在着制约关系。简单来说，我们人体内存在着有害细菌、有益细菌和中性细菌三大类。其中，有益细菌能够制约有害细菌，让人体内的生态处于一种平衡状态，而中性菌也能在有益细菌的制约下不随意作乱。从概念上来讲，人体生态平衡是宏观生态平衡，而人体内的生态平衡是微生态平衡，也可以理解为人体内菌群的平衡。

而生物界的生态平衡是指在一定时间内生态系统中的生物和环境之间、生物各个种群之间，通过能量流动、物质循环（如碳循环，见图 5-4，图中数字表达的是地球上各个碳循环过程中的碳循环数量估计，单位为亿吨）和信息传递，使它们相互之间达到高度适应、协调和统一的状态。

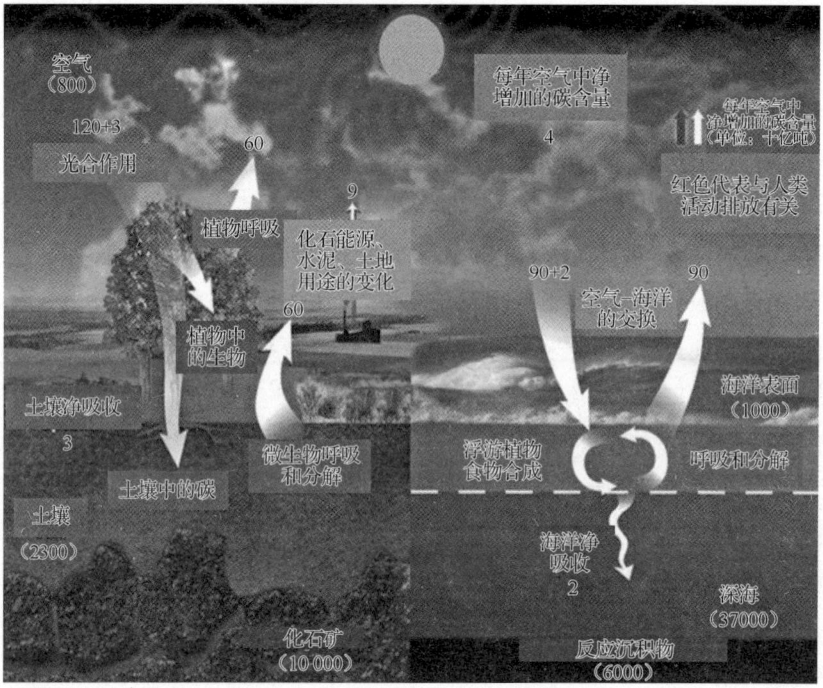

图 5-4　自然生态系统中的碳循环（单位：亿吨）

Campbell（1996）建立了一个可持续城市的三角形模型，如图 5-5（a）所示，将经济发展、社会公平和环境保护作为规划的三项主要目标，并认为三项目标之间的两两冲突是规划所要解决的关键问题。如图 5-5（b）所示，Godschalk（2004）又对模型进行修正，在此基础上加入了宜居性，从而建立了城市规划的永续棱锥模型。吴志强（2004）提出城市规划的本质是对三大平衡的调控：

（1）城市人的空间欲望与自然环境之间的平衡，反映了城市与自然的依存关系。

（2）城市人的空间欲望与社会之间的平衡，体现为城市与社会之间的权益分配关系。

（3）第三个平衡关系是城市人的空间欲望与时间进程的平衡，体现为城市与时间之间的进程关系。

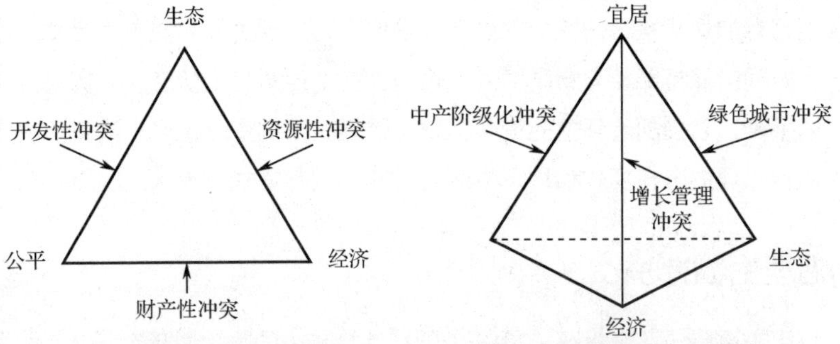

（a）永续发展目标之间的三个冲突　（b）永续棱锥勾勒了公平、经济、经济、生态和宜居等主要价值观

资料来源：Godschalk 2004。

图 5-5　可持续城市的三角形模型

从三大平衡的内涵来讲，其更多的是着眼于城市生命体内部上的自治平衡，对于其上的治理能力平衡则着眼更少。

但是，以这样简单的、静态永恒的平衡态来看待城市治理体系是不合适的。西蒙（1962）指出，层级体系和树状结构是一种演变而成的平衡状态，当系统理论首次运用到城市研究中时，城市系统被广泛地认为应该以长期的平衡状态为目标。但是，基于某个时间断面来判断城市是否处于平衡状态是完全错误的。城市可能看似处于一种平衡状态，这是因为物理建成环境的变化速度和人类行为的改变速度之间有巨大差距，但我们认为城市正是处于不断变化的非均衡态中。焦点应当是过程，其中发生的增长或衰退意味着正反馈或是累积因果，继而将系统持续推向新的均衡态，这其实表示系统始终处于连续变化的非平衡状态中。

凯文·凯利在《失控》中指出，形成一个生态平衡所需条件远比人们想象的复杂精密，同时形成一个稳定的平衡系统也远比人们想象的要容易，前提是“如果你不介意获得的系统是什么样子”。实际上，城市是一个高度有序的实体，与物理科学所研究的随机系统模型相去甚远，“远离平衡”是城市的特性，这种远离均衡态通过城市的增长或变化并不断进行调整（Batty，2005）。城市的系统论的问题在于，它试图将其视为可以良好运行的系统，可以很好地应对外界的冲击，并趋向于修复系统至原先的均衡态或至少与原先比较接近的状态。

对于智能城市治理生态来讲，当治理生态系统处于平衡状态时，系统内各组成成分之间保持一定的比例关系，能量、物质的输入与输出在较长时间内趋于相等，结构和功能处于相对稳定状态，在受到外来干扰时，能通过自我调节恢复到初始的稳定状态。在治理生态系统内部，治理主体和城市生命体之间，在一定时间内保持能量与物质输入、输出动态的相对稳定状态。平衡只是相对暂时的平衡，它会随着环境的变化，以及治理关系的变化，产生演替。稳定是相对的，治理生态在变化和稳定中达到最佳的进化方式。

3. 治理生态的进化

重庆市原市长黄奇帆在“2018 中国智能城市（国际）创新论坛”上做主题报告，认为智能城市建设分为四个版本：1.0 版是数字化，这是智能城市的初级形态，目的是让我们生活的世界可以通过数字表述出来；2.0 版是网络化，是通过网络将数字化的城市要件连接起来，实现数据交互共享；3.0 版是智能化，是在网络传输的基础上实现局部智能反应与调控，如智能收费、智能交通、智能工厂等；4.0 版是智慧化，就是借助万物互联，使城市各部分功能在人类智慧的驱动下优化运行，到了这个版本，智能城市才算基本建成。这四个版本，前一版是后一版的基础，但又不是截然分开、泾渭分明的。推进智能城市建设，要循序渐进、适度超前，但不要好高骛远、急于求成。总想着一步到位，往往只会事倍功半。

从系统论的观点来看，城市治理生态环境是人（治理主体和受众）与物质、信息相互作用的集合，构成“赛博空间、物理空间和人类社会（精神空间）”的城市三元空间（Cyber-Physics-Human，CPH）融合的复杂巨系统（图 5-6）。从本质上讲，智能城市治理生态要实现城市智能化的无缝网络与计算基础设施统一，要实现数据流到信息流、比特流到智能流的转变，要突破城市生命体中的各类信息及在信息基础上形成的知识、智能等存在的人为或技术的瓶颈，由此实现智能流的精确、准确、快速生产和传递，通过科学范式（人类社会与物理空间互动）的研究去更深入地认知科学技术，通过城市市民在赛博空间的孪生体身份和城市生命体（已经赛博化）进行互动，最终实现人类社会、物理空间和赛博空间的统一化，“智能-城市-治理”以“生态”的方式真正融为一体。

从人工智能对各个治理主体的挑战来看，整体的情况是，由于政府部门和社会接触到的人工智能研究进度与信息，多数来自科技研究机构，而如何对这些机构进行有效监管，仍然是亟待解决的问题。政府只能主要以“战略布局者”的角色参与人工智能治理，仅仅出台一些政策和文件，尚无体系化的监管制度。

这既是因为相关产业尚不成熟，也源自相关技术的复杂性与高门槛。作为公共政策制定者的政府往往缺乏专业的技术知识和技术预见力，而作为技术开拓者的企业则无法保持令人信服的中立性与权威性，社会生活和基本权益受到实质影响的公民社会又难以成为主导性力量。对政策制定者而言，要实现对人工智能行业的有效治理，需要对其进行充分的调查研究，若是直接套用已有的监管政策，监管效果必然会大打折扣，甚至可能扼杀创新。因此，商业自治的非中立性与缺乏权威，是多元治理主体面对新兴科技需要破解的困局。公共政策的制定者难以深入了解现有的人工智能技术及风险，只能选择原则性指导和观望。人工智能科技公司的自我监管会因利益驱动而趋于无效，必须引入外部监管。在这种情况下，最为合理的方式是鼓励各方积极参与，在对话、协商与博弈中为人工智能行业的发展规划出最佳路径，并对其中的风险与责任进行分配。

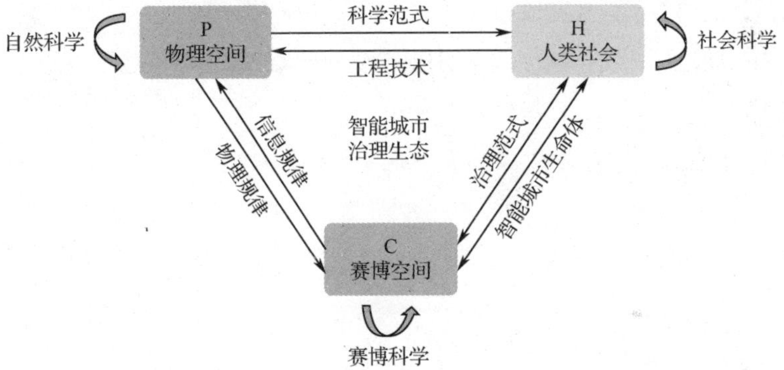

图 5-6　智能城市治理生态是三元空间融合的复杂巨系统

从城市智能治理的范式来看，体现在两个层次，一是城市生命体的自治能力，这种能力来自对信息技术、智能技术的充分运用和对数据资源的挖掘利用。城市生命体的感知能力、恢复能力、调度能力等自治能力能够促进城市各个子系统的结构优化和平衡、物质能量信息的整合及互联互通，继而促进了整个城市生命体的结构优化和平衡。在城市生命体级别上，以自治能力为基础，形成城市的治理能力，表现为城市治理的理念、机制、环境等。智能系统的可感知、可判断、自学习和自升级等能力正是智能城市范式的衡量标准，治理范式分类方式的重点内容——主体、受众、流程和数据等都可以以智能的分级标准来衡量。

因此，智能城市的治理生态进化必然伴随着智能城市的建设，智能城市的不同发展阶段很大程度上影响了治理生态的进化阶段。当然，类似于人类的进化，城市生命体的进化（其实也是人类社会进化的一部分）也是持续进行的，在智能城市不断迭代升级和国家治理模式在快速变迁的基础上，智能城市治理模式急需形成自己的特色。在当前阶段，城市生命体通过与人工智能的结合，能够实现城市生命体中人、机、物、环境、信息自主智能的感知、互联、分析、学习、决策与执行，进而使市民生活持续改善，城市发展不断优化，资源利用水平显著提高，加速促进教育、医疗、贫困、环境、资源等紧迫问题的解决。

最后，用伟大的城市学家刘易斯·芒福德对城市的精彩的阐释来结尾："城市的主要功能是化力为形、化能量为文化、化死物为鲜活的艺术符号，化生物繁衍为社会创新。"因此，城市是人类社会新陈代谢的集中体，智能城市治理在人工智能技术发展、人文理论创和社会进步的基础上将呈现加速突破、应用驱动的趋势，人类和城市的关系在"人在城中""城为个人""人城一体"的认知发展过程中将不断形成与时俱进的、迭代的智能城市治理生态。

跋

严格来讲，本书并不是一个非常成熟的理论探索成果，一个原因是本人的思考和实践有限，深度和广度不够，更主要的原因是："智能城市"正处于建设阶段，"城市治理"也正处于摸索阶段，更不要提将二者结合起来，形成一体化的"智能城市治理"了。因此，本书诞生在这如火如荼的、日新月异的时势之时，也面临着未来不适用的风险。

笔者长期从事国家治理、城市治理、信息技术等方面的工作，近年来不断深刻感受到这几个领域愈加快速的融合势头，更感受到了想要融合但不能有效融合的困难，这种焦灼的感受组合促使我探索以"城市生命体""智能自治体""治理范式"等概念将"智能城市治理"进行概括整合。这些整合涉及理论、顶层设计、体系构建、范式梳理、示范探索、反思展望等，内容繁多，千头万绪，目前只能说是有些眉目可见，如何使理论更有逻辑、更加细致、更富辩证……这些应该是"智能城市治理"的进一步发展方向。

2020 年爆发流行的新冠肺炎病毒一直肆虐到今，人群密集的城市在应对此类大规模公共卫生危机时缺乏有效的应对手段，"逆城市化"的思潮也有泛起之势。信息技术、智能手段能够在一定程度上帮助人类完成以往面对面才能够完成的活动，但是还不能解决城市中人群分化、贫困等社会问题，"智能城市治理"应逐渐将这些问题的解决纳入研究范畴，因为这是现代化治理的必须要求，更是必然结果。

最后，感谢我的夫人果蕾，是你和家人们的有力支持，才会有这本书的诞生。感谢陆军院士、电科院和南湖院的领导同事，相关的项目实践为本书的理论创新提供了源头活水。感谢李洁编辑的耐心细致，这本书才会顺利面世。

饶玉柱

2021 年 4 月 浙江嘉兴

参 考 文 献

[1] 饶玉柱、张权、李睿深. 信息化国家治理[M]. 北京：电子工业出版社，2018.

[2] 饶玉柱. 认知无线电、移动通信与无线网络[M]. 北京：电子工业出版社，2020.

[3] 张国庆. 公共行政学[M]. 北京：北京大学出版社，2003.

[4] 利尔加斯. 结构生物学：从原子到生命[M]. 苏晓东等译. 北京：科学出版社，2013.

[5] 俞可平. 治理与善治[M]. 北京：社会科学文献出版社，2000.

[6] 陈海秋. 转型期中国城市环境治理模式研究[M]. 北京：华龄出版社，2012.

[7] 韦伯. 经济与社会[M]. 阎克文译. 上海：上海三联书店，2010.

[8] 福山. 政治秩序的起源：从前人类时代到法国革命[M]. 毛俊杰译. 南宁：广西师范大学出版社，2014.

[9] 古德诺. 政治与行政：政府之研究[M]. 丰俊功译. 北京：北京大学出版社，2012.

[10] 泰勒. 科学管理原理[M]. 马风才译. 北京：机械工业出版社，2013.

[11] 陈潭. 大数据时代的国家治理[M]. 北京：中国社会科学出版社，2015.

[12] 连玉明. 大国治理：中国社会治理创新的基层实践[M]. 北京：当代中国出版社，2014.

[13] 何显明. 政府转型与现代国家治理体系的建构[J]. 浙江社会科学，2011（3）.

[14] 蔡晓明. 生态系统生态学[M]. 北京：科学出版社，2001.

[15] 高一飞，龙飞. 司法公开基本原理[M]. 北京：中国法制出版社，2012.

[16] 朱景文. 法理学[M]. 北京：中国人民大学出版社，2008.

[17] 索绪尔. 普通语言学教程[M]. 高名凯译. 北京：商务印书馆，1980.

[18] 奈. 软实力[M]. 马娟娟译. 北京：中信出版社，2013.

[19] 卢梭. 社会契约论[M]. 何兆武译. 北京：商务印书馆，2010.

[20] 米勒，博格丹诺. 布莱克维尔政治学百科全书[M]. 邓正来译. 北京：中国政法大学出版社，2002.

[21] 帕森斯. 社会行动的结构[M]. 张明德，夏翼南，彭刚译. 南京：译林出版社，2003.

[22] 哥伦比斯，沃尔夫. 权力与正义[M]. 白希译. 北京：华夏出版社，1990.

[23] 福柯. 权力的眼睛[M]. 严锋译. 上海：上海人民出版社，1997.

[24] 朱光磊. 当代中国政府过程[M]. 天津：天津人民出版社，2010.

[25] 斯托克. 作为理论的治理：五个论点[J]. 国际社会科学杂志：中文版 1（1999）：19-30.

[26] 罗素. 权力论：新社会分析[M]. 吴友三译. 北京：商务印书馆，1991.

[27] 吉登斯. 社会的构成[M]. 李康，李猛译. 北京：三联书店，1998.

[28] 尼斯坎南. 官僚制与公共经济学[M]. 王浦劬等译. 北京：中国青年出版社，2004.

[29] 诺斯. 制度、制度变迁与经济绩效[M]. 杭行译. 上海：上海人民出版社，2014.

[30] 奈. “软权力”再思索[J].国外社会科学，2006（4）：90-91.

[31] 智能城市建设与大数据战略研究项目组. 智能城市建设大数据战略研究[M]. 杭州：浙江大学出版社，2018.

[32] 戈德史密斯，克劳福德. 数据驱动的智能城市[M]. 车品觉译. 杭州：浙江人民出版社， 2019.1.

[33] 迈克尔·巴蒂，赵怡婷，龙瀛. 未来的智慧城市[J]. 国际城市规划，2014，29（6）：12-30.

[34] 陈清. 以大数据助力供给侧结构性改革[N]. 光明日报，2016-12-24.

[35] 陈惠芳，徐卫国. 大数据视角下医疗行业发展的新思维[J]. 现代管理科学，2015，000（004）：70-72.

[36] 范灵俊，洪学海，黄晁，等. 政府大数据治理的挑战及对策[J]. 大数据，2016，2（003）：27-38.

[37] 李伯虎. 智慧城市的大数据研究与实践[R]. 国际工程科技知识中心

2016 国际高端研讨会，北京. 2016.

[38] 工信部电信研究院. 大数据白皮书（2014）[R]. 2014 年.

[39] 中国信通院. 全球人工智能产业地图（V1.0）[R]. 2018 年 4 月.

[40] 中国信通院. 工业互联网产业经济发展报告（2020 年）[R]. 2020 年 3 月.

[41] 中国信通院. 中国数字经济治理白皮书（2020）[R]. 2020 年 7 月.

[42] 中国信通院. 人工智能治理白皮书[R]. 2020 年 9 月.

[43] 工信部运行监测协调局. 2016 年通信运营业统计公报[R]. 2016 年.

[44] 顾新建，代风，杨青海，等. 制造业大数据顶层设计的内容和方法（上篇）[J]. 成组技术与生产现代化，2015，32（4）：12-17.

[45] 李国杰. 对大数据的再认识[J]. 大数据，2015，1（1）：1-9.

[46] 李国杰，程学旗. 大数据研究：未来科学及经济社会发展的重大战略领域——大数据的研究现状与科学思考[J]. 中国科学院院刊，2012，27（6）：647-657.

[47] 庞金友. AI 治理：人工智能时代的秩序困境与治理原则[J]. 人民论坛学术前沿，2018，146（10）：4-17.

[48] 顾新建，马步青，代风. 基于大数据的知识共享方法研究[J]. 知识管理论坛，2016，000（001）：30-38.

[49] 马朝辉，聂瑞华，谭昊翔，等. 大数据治理的数据模式与安全[J]. 大数据，2016，2（003）：83-95.

[50] 明仲，王强. 大数据助力智慧城市科学治理[J]. 深圳大学学报（人文社会科学版），2013，030（004）：36-37.

[51] 邬贺铨. 大数据支撑智慧城市[J]. 居业，2013（2）：66-66.

[52] 吴志强，杨秀，刘伟. 智力城镇化还是体力城镇化——对中国城镇化的战略思考[J]. 城市规划学刊，2015.

[53] 吴志强，叶锺楠. 基于百度地图热力图的城市空间结构研究——以上海中心城区为例[J]. 城市规划，2016，40（4）：33-40.

[54] 中国智能城市建设与推进战略研究项目组. 中国智能城市建设与推进战略研究[M]. 杭州：浙江大学出版社，2015.

反侵权盗版声明

举报电话：（010）88254396；（010）88258888
传　　真：（010）88254397
E-mail：　dbqq@phei.com.cn
通信地址：北京市海淀区万寿路 173 信箱
　　　　　电子工业出版社总编办公室
邮　　编：100036